Hanna Meißner   **Butler**

Judith Butler hat mit ihrer Problematisierung der natürlichen Geschlechterdifferenz viel Aufsehen erregt. Allerdings stellt diese weniger den Kern als vielmehr einen Ausgangspunkt ihres Werks dar. Ihren ganzen Gehalt entfaltet diese Geschlechtertheorie, wenn sie im Rahmen der butlerschen Überlegungen zu Subjektivität und Handlungsfähigkeit gelesen wird.

Hanna Meißner legt den Schwerpunkt dieser problemorientierten Einführung daher auf das konstitutive Verhältnis von Normen und Subjektivität sowie von Unterwerfung und Handlungsfähigkeit.

Hanna Meißner, geboren 1968, ist promovierte Soziologin und lehrt am Zentrum für Interdisziplinäre Frauen- und Geschlechterforschung der Technischen Universität Berlin.
Buchveröffentlichung: *Jenseits des autonomen Subjekts* (2010).

Grundwissen Philosophie

Butler

von
Hanna Meißner

Philipp Reclam jun. Stuttgart

Wissenschaftlicher Beirat der Reihe
Grundwissen Philosophie:

RECLAM TASCHENBUCH Nr. 20312
Alle Rechte vorbehalten
© 2012 Philipp Reclam jun. GmbH & Co. KG, Stuttgart
Reihengestaltung Grundwissen Philosophie:
Gabriele Burde
Umschlagabbildung vorn: © imago
Umschlagabbildung hinten: © privat
Satz: Steffi Glauche, Leipzig
Druck und Bindung: Reclam, Ditzingen
Printed in Germany 2012
RECLAM ist eine eingetragene Marke
der Philipp Reclam jun. GmbH & Co. KG, Stuttgart
ISBN 978-3-15-020312-5

www.reclam.de

Inhalt

1. Einleitung

Judith Butler (*1956) wurde im deutschsprachigen Raum als feministische Theoretikerin bekannt, die die Debatten über Geschlechterdifferenz und Geschlechtsidentität maßgeblich beeinflusst hat. Das Erscheinen der deutschen Übersetzung von Butlers *Gender Trouble* unter dem Titel *Das Unbehagen der Geschlechter* im Jahr 1991 gilt gemeinhin als Initialzündung für Diskussionen, in denen die biologische Natürlichkeit der Unterscheidung von Männern und Frauen grundsätzlich hinterfragt wurde. Butler stellt in diesem Buch unter anderem die These auf, dass die Kategorien »Mann« und »Frau« nicht als begriffliche Widerspiegelung einer natürlichen Unterscheidung männlicher und weiblicher Körper zu begreifen sind. Vielmehr werde diese körperliche Differenz durch eine begrifflich-symbolische Ordnung, die die Identifizierung von Individuen entweder als Mann oder als Frau verlangt, erst *hervorgebracht*. Dieser komplexe und kontraintuitive Zusammenhang soll im Folgenden erläutert und nachvollziehbar gemacht werden. Allerdings stellt die Problematisierung der natürlichen Geschlechterdifferenz nicht den Kern, sondern vielmehr einen Ausgangspunkt von Butlers Werk dar, das auch nicht auf eine »Geschlechtertheorie« zu begrenzen ist. Vielmehr entfaltet diese Geschlechtertheorie ihren ganzen Gehalt, wenn sie im Rahmen von Butlers Überlegungen zu Subjektivität, Handlungsfähigkeit und Ethik gelesen wird. Die Geschlechterdifferenz erscheint darin als eine Grenzvorstellung, die Subjekte als Menschen erkennbar und handlungsfähig werden lässt.

Eine zentrale Problemstellung, die Butlers Arbeiten durchzieht, ist die Frage nach den Bedingungen, die uns als handlungsfähige Subjekte konstituieren. Zu diesen Bedingungen gehört unter anderem, dass wir uns einer Ordnung »unterwerfen«, die uns die Begriffe und sprachlichen Gesetzmäßigkeiten vorgibt, mit denen wir unser In-der-Welt-Sein erleben und kommunizieren können. Diese Formulierung ist allerdings insofern problematisch, als Butler Handlungsfähigkeit nicht in einem vorgängigen Status des Individuums als Subjekt begründet. Es *gibt* also nicht zunächst ein Subjekt, das dann äußeren Bedingungen (etwa Normen) gegenübertritt, um sich zu ihnen zu verhalten – etwa indem es sich ihnen unterwirft. Vielmehr interessiert sich Butler dafür, wie das Subjekt im Prozess der Unterwerfung unter Normen erst hervorgebracht wird. Die äußeren Bedingungen sind also nicht der Schauplatz unserer Handlungen, sondern sie sind konstitutiv für unseren Status als handlungsfähiges Subjekt. Zugleich meint das Verb »unterwerfen« hier keine einfache Determinierung, bei der das Subjekt in seiner Entstehung bereits jeglichen Eigensinns beraubt würde. Butler begreift das Subjekt als eine paradoxe Figur: Im Prozess der Unterwerfung unter soziale Bedingungen entsteht ein Subjekt, das sich durchaus widerständig zu diesen Bedingungen verhalten kann.

Butler stellt somit die humanistische Konzeption eines souveränen Subjekts, das mit sich selbst identisch ist und das eine eigene, den kulturellen Interpretationen vorgängige Substanz besitzt, infrage. Zugleich betont sie immer wieder, dass diese Infragestellung nicht bedeutet, ein solches Subjekt als reine Illusion oder als Ideologie abzutun. Vielmehr öffnet sie den Blick für die Bedingungen, die dieses Subjekt hervorbringen, und thematisiert zugleich die damit verbundenen Beschränkungen und Kosten.

Im Fokus dieser problemorientierten Einführung steht daher das konstitutive Verhältnis von Normen und Subjektivität sowie von Unterwerfung und Handlungsfähigkeit. Deutlich gemacht werden soll zudem, dass für Butler die philosophische Frage nach Subjektivität und Handlungsfähigkeit mit einem politischen und ethischen Projekt verknüpft ist. Die Frage nach der Konstitution von handlungsfähigen Subjekten impliziert bei ihr zugleich die Frage, wer vom Status eines Subjekts ausgeschlossen ist. Normen bringen bestimmte Subjekte hervor, indem sie festlegen, was als menschlich gelten kann. Dadurch konstituieren und verwerfen sie im gleichen Zug das, was un-menschlich, monströs oder gar undenkbar ist. Normen haben insofern immer sowohl einen produktiven als auch einen ausschließenden, verwerfenden Effekt und können daher nicht einfach als positiver Bezugspunkt dienen. Butler entwirft eine Perspektive immanenter Kritik, die sich nicht auf vorgängige Normen und Maßstäbe beruft, sondern darauf zielt, die konstituierenden und ausschließenden Effekte von Normen als soziale Machtwirkungen erkennbar zu machen. Eine solche Kritik steht vor der Schwierigkeit, dass sie in ihrer Hinterfragung der Normen selbst noch in diese Normen verstrickt ist. Wenn Subjekte erst in der Unterwerfung handlungsfähig werden, dann entsteht auch ihre Kritikfähigkeit erst in diesem Prozess.

Über die Verwobenheit von Geschlechter- und Subjekttheorie in Butlers Texten kann die gesellschaftstheoretische und -politische Stoßrichtung ihrer Argumentation verdeutlicht werden. An diesem Zusammenhang lassen sich die Fragen nach den immer wieder zu verhandelnden Grenzen des Menschlichen und der potenziellen Gewaltsamkeit von Normen konkretisieren: Die Norm der Zweigeschlechtlichkeit ist eine Bedingung für die Intelligibilität als Subjekt und stellt zugleich eine Grenze des Menschlichen dar. Um als (»normales«) Subjekt (an-)erkennbar zu sein, muss ein Individuum entweder eine Frau oder ein Mann sein. Die eindeutige Geschlechtszugehörigkeit erscheint als natürliche Grundlage des Menschseins.

In ihren jüngeren Texten weitet Butler diese Fragen zunehmend aus. Angesichts der Folgen der Anschläge vom 11. September 2001 diskutiert sie, inwiefern Krieg und staatliche Gewalt als Ausdruck einer bestimmten Zuspitzung von Souveränität zu verstehen sind. Sie diskutiert, inwiefern normative Verhandlungen über betrauerbares und schützenswertes Leben Bestandteil der Kriegsführung sind. Hegemoniale Normen teilen die Weltbevölkerung in diejenigen, deren Leben als betrauerbar und daher schützenswert erachtet wird, und diejenigen, deren Leben nicht im gleichen Maße als schützenswert erscheint. Um die betrauerbaren Leben zu schützen, erscheinen die Gewalt souveräner Staaten und die damit verbundenen Verluste der nicht betrauerbaren Leben als legitim oder zumindest als hinzunehmendes Übel. Vor diesem Hintergrund ist es Butler ein dringendes Anliegen, zu erkunden, wie Kreisläufe zwischenstaatlicher Gewalt und Rache durchbrochen werden können. Die Konzeption universeller Menschenrechte stellt dabei eine wichtige Ressource dar. Auch hier sollten politische Strategien und Forderungen aber nicht mit einem unhinterfragten Begriff des Menschlichen operieren: Universelle Normen und Maßstäbe können nur dann emanzipatorisch wirken, wenn die herrschenden Normen der Universalität durch das, was von ihnen ausgeschlossen wird, subversiv verunsichert und verschoben werden, wenn also auch der Begriff des Menschlichen in seiner bestehenden Gestalt zur Disposition gestellt wird.

Ein schmales Bändchen als Einführung in Butlers Denken zu schreiben, ist ein waghalsiges Unterfangen, das zum Scheitern verurteilt ist, wenn es einen Anspruch auf Vollständigkeit erhebt. Daher ist dieses Buch zum einen als problemorientierte Hilfestellung zu verstehen, in der bestimmte zentrale Annahmen vorgestellt werden, um einen Zugang zu Butlers Texten zu erleichtern. Zum anderen kann es als eine bestimmte Interpretation gelesen werden, die Anregungen und Vorschläge für die Auseinandersetzung mit Butlers Arbeiten bietet. Damit ist gleich auch schon eine weitere Präzisierung angesprochen: Eine Einführung ist immer eine Interpretation des Werks, in das sie einführt.
Um einen einigermaßen großen Bogen schlagen zu können, der wichtige theoretische Verknüpfungen sowie politische und ethische Implikationen der butlerschen Texte umfasst, komme ich nicht umhin, zu vereinfachen und an vielen Stel-

len auf Details zu verzichten. Zudem ziehe ich Schlussfolgerungen, die Butler selbst nicht so formuliert hat. Ich lese gewissermaßen – einer eigenen Agenda folgend – zwischen den Zeilen und kann mich daher auch einer Perspektive bedienen, die mich frühere Texte im Lichte der späteren lesen und interpretieren lässt.

Butlers Texte gelten gemeinhin als schwer zugänglich. Das liegt insbesondere an der Sprache, die ungewohnt und kompliziert erscheint. Dies ist nicht zuletzt auf Butlers vielfältige disziplinäre und theoretische Bezüge zurückzuführen. Sie entwickelt ihre Thesen in der Auseinandersetzung mit Texten aus ganz unterschiedlichen disziplinären und thematischen Kontexten. Insbesondere in ihren früheren Schriften sind diese Parforceritte sehr voraussetzungsvoll und erschließen sich teilweise nur über den Umweg einer eigenen Aneignung von Butlers »Material«.[1] Einige ihrer späteren Arbeiten sind in dieser Hinsicht etwas glatter und vielleicht eingängiger. Als Einstieg in eine eigene Butler-Lektüre bietet sich der Band *Macht der Geschlechternormen* an, in dem Butler viele ihrer zentralen Fragen und Thesen rekapituliert, auf konkrete gesellschaftliche Phänomene bezieht und weiterentwickelt. Wer sich für ihre Ausführungen zu Krieg und Gewalt interessiert, findet vielleicht über *Raster des Krieges* einen Zugang. Aber auch hier gilt, dass Butlers Texte schwierig sind. Sie sind es notwendigerweise, da sie beständig an den Grenzen unserer Selbstverständlichkeiten operieren – und dies kann unsere sprachlichen Gewohnheiten und begrifflichen Eindeutigkeiten nicht unberührt lassen. Es geht darum, eine Wirklichkeit zu hinterfragen, der wir nicht äußerlich gegenüberstehen, sondern mit Leib und Seele verhaftet sind. Die Begriffe der Kritik sind Bestandteil der sozialen Verhältnisse, die sie hinterfragen sollen. Dies alles ist ohne Anstrengung nicht zu haben. Die Chance, anders werden zu können, ist mit dem mühevollen Risiko verbunden, die Gewissheiten über unser Sein aufzugeben. Ob wir dieses Risiko auf uns nehmen wollen, ist jedoch keine Frage eines hedonistischen Nervenkitzels im

Sinne etwa einer Extremsportart. Durch verschiedene Bezüge auf konkrete Gewaltverhältnisse und das mit ihnen verbundene Leid macht Butler immer wieder eindringlich deutlich, dass es eine existenzielle Herausforderung unserer Zeit ist, dieses Risiko einzugehen.

2. Grundlegungen:
Symbolische Ordnung, Normen, Subjekt

In diesem Kapitel soll Butlers grundlegende These vorgestellt werden, dass Individuen erst in ihrer Unterwerfung unter Normen zu handlungsfähigen Subjekten werden. Dies geht weit über die geläufige Alltagsvorstellung hinaus, dass unser Handeln nur im Kontext von Normen verständlich wird. Butler vertritt, wie bereits erwähnt, die Annahme, dass wir nicht als fertige Subjekte auf gesellschaftliche Normen treffen, zu denen wir uns dann (affirmativ, indifferent, widerständig) verhalten. Vielmehr erhalten Individuen überhaupt in Bezug auf Normen einen Subjektstatus, da sie nur durch diesen Bezug für sich und andere sinnvoll erfassbar und damit (an-)erkennbar sind.

Um Butlers Thesen und Argumente nachvollziehen zu können, ist es zunächst wichtig, die ihnen zugrunde liegende Konzeption von Sprache und Diskurs zu verstehen. Wenn Butler davon ausgeht, dass Normen festlegen, in welcher Form Individuen als Subjekte anerkannt werden, dann bezieht sich der Begriff der Norm auf symbolische Kategorien wie Mann und Frau, die die Welt für uns wahrnehmbar und (an-)erkennbar werden lassen. Butler bezeichnet diese (An-)Erkennbarkeit als *Intelligibilität*, wobei es dabei nicht nur um eine inter- und intrasubjektive Wahrnehmbarkeit geht. Mit dem Konzept der Intelligibilität verweist sie auf die existenzielle Bedeutung von Normen, die uns als Subjekte überhaupt erst sozial lebensfähig machen, »ohne die wir das Menschliche überhaupt nicht denken können« (MdG, 97).

Diesem Zusammenhang von (An-)Erkennbarkeit und Lebensfähigkeit liegt ein Verständnis von Sprache als produktiver Instanz zugrunde. Sprache bezeichnet oder repräsentiert nicht einfach existierende Dinge, sondern bringt Bedeutungen hervor. Im Weiteren geht es dann um die Frage, wie Butler diese produktive Wirksamkeit von Sprache in ihrer sozialen Eingebundenheit betrachtet. Sprache interessiert hier nicht vorrangig als Mittel der Kommunikation, sondern vielmehr als *Diskurs* im Sinne eines bedeutungsstiftenden Regelsystems. Butler bezieht sich hier auf Lacans Konzept der symbolischen Ordnung, um die sprachlichen Strukturen zu benennen, die regulieren, was erkennbar, was wirklich und möglich ist. Wie im Folgenden erläutert wird, hält sie Lacans Verständnis der symbolischen Ordnung allerdings für zu hermetisch und ahistorisch. Durch den Bezug auf das foucaultsche Konzept der Macht-Diskurs-Regime erfasst Butler, dass die Regeln und Begriffe der symbolischen Ordnung immer in bestimmte historische Machtverhältnisse eingebettet sind und daher – selbst wenn sie als abstrakte universelle Strukturen erscheinen – immer auch einen konkreten sozialen Gehalt transportieren, der kulturell und historisch situiert ist.

Mit der Verknüpfung von Diskurs, symbolischer Ordnung und Machtverhältnissen verweist Butler darauf, dass Normen einerseits als historisch (und damit kontingent) zu denken sind und andererseits aber im Rahmen einer symbolischen Ordnung den Anschein der Notwendigkeit erhalten. Dies soll am Beispiel der Geschlechterdifferenz dargestellt werden. Wie anschließend erläutert werden soll, meint Butler damit aber keinesfalls, dass letztlich »alles« (zum Beispiel: der Geschlechtskörper) Sprache *ist*. Um dies zu verdeutlichen, stelle ich Butlers Verständnis der Materialisierung von Körpern dar: Ihr geht es darum, dass die Körper ihre materiale Gestalt in einem beständigen Prozess praktischer Wiederholungen von Normen erhalten.

Die wirklichkeitskonstituierende Bedeutung
von Sprache

Eine zentrale Prämisse für das Verständnis von Butlers Subjektkonzeption ist, dass Sprache eine produktive Wirkung hat. Wichtige theoretische Wurzeln dieser sprachtheoretischen Annahme liegen in der poststrukturalistischen Adaption von Ferdinand de Saussures strukturalistischer Linguistik.[2] Saussure begreift Sprache als ein abstraktes System, das aus Zeichenketten besteht. Jedes Zeichen lässt sich wiederum analytisch in einen Signifikanten (ein Bezeichnendes, also einen Laut oder ein schriftliches Symbol) und ein Signifikat (das, was bezeichnet und zugleich mit Bedeutung belegt wird) zerlegen. Zwischen diesen beiden analytischen Komponenten des Zeichens besteht laut Saussure keine zwingende oder natürliche Verbindung. So ist das, was im Deutschen beispielsweise mit dem Laut »Mutter« bedeutet wird, im Englischen mit dem Laut »mother« und im Französischen mit »mère« verknüpft. Der Laut (Signifikant) steht also in keiner notwendigen Beziehung zum Bezeichneten (Signifikat). Saussure geht allerdings noch einen Schritt weiter und nimmt ferner an, dass die Bedeutung des Zeichens nicht aus dem bezeichneten Objekt hervorgeht. Sprache hat demnach nicht einfach die Funktion, Dinge in der Welt zu benennen, indem sie sie mit einem (kontingenten) Laut verknüpft. Saussure geht vielmehr davon aus, dass sprachliche Zeichen ihre Bedeutung nicht im Verweis auf Dinge in der Welt erhalten, sondern dass Bedeutung nur *innerhalb des Systems der Sprache selbst* entstehen kann. Bedeutung wird erst in einem bestimmten sprachlichen Code hervorgebracht, in dem die einzelnen Zeichen nur in ihrer Differenz zueinander bedeutsam werden. So ergibt sich beispielsweise die Bedeutung von »Mutter« nur in Relation und Differenz zu der Bedeutung von »Sohn«, »Tochter«, »Vater«, »Großmutter« und anderen Verwandtschaftsbegriffen, die wiederum als Begriffe der Verwandtschaft nur in Abgrenzung zu Begriffen der Nichtverwandtschaft bedeutsam werden.

Diese grundlegende Annahme von Saussure, dass Bedeutung nicht in der Welt liegt und von Sprache repräsentiert wird, sondern dass sie eben nur im System der Sprache entsteht, wurde aus poststrukturalistischer Perspektive aufgegriffen und reformuliert. Dabei wurde vor allem die inhärente Offenheit und Instabilität von Bedeutungen hervorgehoben und die Geschlossenheit von Saussures Strukturbegriff kritisiert: »Obgleich Saussure das Verhältnis zwischen Signifikant und Signifikat als arbiträr begreift, plaziert er dieses arbiträre Verhältnis in ein notwendigerweise vollständiges, geschlossenes System. Alle sprachlichen Termini setzen eine linguistische Totalität der Strukturen voraus, deren Ganzheit unterstellt und implizit erforderlich ist, damit jeder Term eine Bedeutung tragen kann.« (UdG, 70)

In dieser Kritik Butlers an Saussure steckt der Einwand, dass das kontingente Zusammenkommen von Signifikanten und Signifikat niemals in einer positiven, stabilen Bedeutung (einer linguistischen Totalität) münden kann. Butler schließt sich in dieser Auseinandersetzung vor allem Jacques Derrida an, der hervorhebt, dass Bedeutungen in unterschiedlichen Kontexten variieren können und damit immer offen für Anfechtungen und Verschiebungen sind. So kann der Signifikant »Frau« je nach Kontext beispielsweise mit der Bedeutung eines Ideals der fürsorgenden Mutter, eines Opfers von (männlicher) Gewalt, eines Objekts sexuellen Begehrens, einer erfolgreichen Geschäftsfrau, eines selbstbestimmten Subjekts und dergleichen verknüpft sein.

Wie einleitend bereits angemerkt, geht es in dieser Betrachtung nicht in erster Linie um Sprache als Mittel der Kommunikation, sondern vielmehr um Sprache als kultur- und bedeutungsstiftendes Regelsystem – als *Diskurs*. Der Begriff des Diskurses bezeichnet eine Ordnung, in der bestimmte Aussagen möglich und zugleich andere Aussagen als unsinnig, unmöglich, monströs oder schlicht undenkbar verworfen sind. Der Diskurs hat insofern eine produktive Wirkung, als die Begriffe in dieser Ordnung nicht eine unabhängig von ihnen bestehende Wirklichkeit reflektieren, sondern vielmehr unsere Wahrnehmung der Wirklichkeit strukturieren und sie damit in einer bestimmten (intelligiblen) Gestalt überhaupt erst hervorbringen. Diesem Verständnis von Diskurs zufolge interessiert sich Butler nicht nur dafür, »wie es kommt, daß bestimmte Signifikanten bedeuten, was sie nun mal bedeuten, sondern wie bestimmte diskursive Formen Objekte und Subjekte in ihrer Intelligibilität ausdrücken« (SL, 129). Sie betrachtet also vor allem die produktive Wirkung des Diskurses, durch die Objekte und Subjekte in einer bestimmten Weise hervorgebracht werden.

Eine diskursive Form, an der Butler dieser Frage paradigmatisch nachgeht, ist die Ordnung der Zweigeschlechtlichkeit: Wie werden Subjekte in ihrer Geschlechtlichkeit diskursiv hervorgebracht und inwiefern ist diese Geschlechtlichkeit eine Bedingung der Subjektwerdung? Während es zunächst auf der Hand zu liegen scheint, dass die sprachliche Unterscheidung von Mann und Frau auf natürliche körperliche Merkmale verweist, geht Butler vor dem Hintergrund der eben skizzierten diskurstheoretischen Überlegungen davon aus, dass kein direkter Bezug auf eine vorsprachliche Natur möglich ist. Dadurch erscheint jede biologische Erklärung der Zweigeschlechtlichkeit als immer schon sprachlich vermittelt, und der Anspruch, eine vorsprachliche Wirklichkeit benennen zu können, wird insofern als unmöglich zurückgewiesen. Butler verwirft daher auch die Unterscheidung von *sex* und *gender* – also von biologischem und sozialem Geschlecht.

Mit dieser Unterscheidung wurde in der feministischen Debatte die prinzipielle kulturelle und historische Kontingenz und Variabilität der sozialen Geschlechterrollen begründet, da das soziale Geschlecht (*gender*) als unabhängig vom biologischen Geschlecht (*sex*) gedacht werden kann. Auf diese Weise konnten Annahmen über »natürliche« Eigenschaften,

Aufgaben und Rollen von Männern und Frauen als *kulturelle Interpretationen* der natürlichen Differenz dargestellt werden. Genau diese Konzeption, die davon ausgeht, dass *gender* eine kulturelle Interpretation der biologischen Differenz ist, macht Butler nun aber zum Gegenstand der Kritik. Erstens wendet sie ein, dass es bei einer konsequenten Trennung von körperlichem und sozialem Geschlecht keine notwendige Verbindung zwischen der kulturellen Bedeutung von Männlichkeit und dem männlichen Körper geben kann; vielmehr deutet diese Unterscheidung »auf eine grundlegende Diskontinuität zwischen den sexuell bestimmten Körpern und den kulturell bedingten Geschlechtsidentitäten hin« (UdG, 23). Es gibt also insofern keine logische Begründung, warum ein männliches *gender* mit einem männlichen *sex* verknüpft sein sollte. Zweitens bietet eine konsequente Trennung von *sex* und *gender* keine Antwort auf die Frage, warum es genau zwei Geschlechtsidentitäten (*gender*) gibt. Wenn das soziale Geschlecht keine notwendige Verbindung zum körperlichen Geschlecht habe, dann ist die strukturelle Analogie von binärem *sex* und binärem *gender* nur dadurch zu erklären, dass es einen »Glauben an ein mimetisches Verhältnis« (UdG, 23) von *sex* und *gender* oder von Natur und Kultur gibt – einen Glauben, der die Annahme einer grundsätzlichen Unabhängigkeit von *sex* und *gender* letztlich hinfällig macht. Butler stellt daher die Frage, ob *sex* nicht selbst als eine kulturelle Interpretation begriffen werden muss. Dass uns Körper als jeweils einem von zwei Geschlechtern zuordenbar erscheinen, wäre dadurch zu begründen, dass wir körperliche Differenzen und Funktionen im Rahmen eines binären Begriffs- oder Denksystems wahrnehmen und sie in diesem Rahmen für uns bedeutsam werden: *Sex* wird damit durch die kulturelle Wissensordnung des *gender* erst hervorgebracht.

Gender ist in diesem Sinne als ein »Produktionsapparat« (UdG, 24) zu verstehen, durch den »eine ›geschlechtliche Natur‹ oder ein ›natürliches Geschlecht‹ als ›vordiskursiv‹, d. h. als der Kultur vorgelagert oder als politisch neutrale Oberfläche, auf der sich die Kultur einschreibt, hergestellt und etabliert wird« (UdG, 24). In diesem Zitat wird deutlich, dass Butler die Grenzziehung zwischen *sex* und *gender* oder allgemeiner zwischen Natur und Kultur selbst als einen kulturellen Effekt betrachtet, der durch die diskursive Ordnung hervorgebracht wird. Hier lässt sich die realitätsproduzierende Wirkung von Sprache verdeutlichen: Sprache bezeichnet nicht einfach ontologisch vorgängige Dinge, sondern bringt ontologische Effekte hervor. Indem sie intelligible Lebensformen benennt, schafft sie zugleich spezifische Ausschlüsse und Domänen des Undenkbaren und beschränkt damit die Möglichkeiten des körperlichen Lebens. Die Sex-Gender-Unterscheidung schafft einen begrifflichen Unterschied zwischen zweigeschlechtlich differenzierbaren Körpern und deren kulturellen Interpretationen oder Überformungen und setzt somit die körperliche Zweigeschlechtlichkeit als etwas Natürliches, als etwas, was außerhalb oder vor der sprachlichen Beschreibung liegt. Ein ontologischer Effekt dieser Setzung besteht darin, dass alle körperlichen Existenzweisen, die sich in diese Binarität nicht einordnen, dann wiederum nur als unnatürlich, abweichend, pathologisch oder gar unmöglich erscheinen können. Indem Butler die Grenzziehung zwischen Natur und Kultur als eine sprachlich hervorgebrachte Setzung begreift, kann sie die *Machteffekte* dieser Unterscheidung sichtbar werden lassen. Sie kennzeichnet damit diese Unterscheidung als ein diskursiv umkämpftes Feld und lässt es auf diese Weise zum Gegenstand verändernder politischer Gestaltung werden.

Symbolische Ordnung und Macht-Diskurs-Regime

Die Erklärung für die binäre Geschlechterdifferenz lässt sich für Butler nicht in der Natur finden, sondern in der produktiven Wirkung der diskursiven Ordnung, durch die wir uns die Welt erschließen und ordnen. Im Anschluss an Derrida begreift sie diese Ordnung jedoch nicht als eine stabile Totalität, sondern als ein strukturelles Gefüge, das Veränderungen unterliegt. In diesem Abschnitt soll deutlich werden, dass Butler daran gelegen ist, die Kontingenz – und damit die prinzipielle Veränderbarkeit – dieser Ordnung begreifbar zu machen, ohne aber zu behaupten, dass Veränderungen beliebig möglich sind. Es geht ihr also darum, zu zeigen, dass die Ordnung der Zweigeschlechtlichkeit ein kulturelles Phänomen ist, das historisch entstanden und prinzipiell veränderbar ist. Sie behauptet allerdings nicht, dass wir die Zweigeschlechtlichkeit einfach abschaffen könnten. Um das komplexe Verhältnis von Notwendigkeit und Kontingenz zu erfassen, arbeitet Butler zum einen mit Foucaults Konzept der *Macht-Diskurs-Regime*. Zum anderen bezieht sie sich auf den von Jacques Lacan verwendeten Begriff der *symbolischen Ordnung*. Diese Konzepte sind nicht deckungsgleich, denn Lacans Begriff der symbolischen Ordnung bezieht sich auf ein universales System der Sprache, während Foucault mit »Macht-Diskurs-Regimen« je spezifische historische Verknüpfungen von Diskursen mit gesellschaftlichen Materialisierungen (Techniken, Instrumenten, Institutionen, Architektur und dergleichen) bezeichnet. Butler nutzt die beiden unterschiedlichen Konzeptionen, um einerseits mit Bezug auf Macht-Diskurs-Regime die *historische Spezifik* der symbolischen Geschlechterordnung zu betonen und andererseits durch den Rekurs auf die symbolische Ordnung grundlegende Strukturen zu erfassen, die Zweigeschlechtlichkeit *als Notwendigkeit* erscheinen lassen.

Im Anschluss an Saussure versteht Lacan das Symbolische als die Ordnung der Signifikanten, die die universellen Gesetze des Sagbaren bildet. Die kommunikative Funktion von Sprache ist Lacan zufolge nicht darin begründet, dass sie auf Dinge in der Welt verweist; vielmehr wird Kommunikation durch einen regelhaften Verweisungszusammenhang möglich, innerhalb dessen Bedeutung hergestellt wird. Zugleich ist diese Ordnung die unhintergehbare Voraussetzung der Subjektbildung: Erst indem sich Individuen in die symbolische Ordnung einfügen, sind sie intelligible Subjekte und können in soziale Interaktionen treten. Grundlage dieser universalen Struktur von Subjektbildung und von Kommunikation ist die ödipale Konstellation (die Triade Vater, Mutter, Kind). Innerhalb dieser Konstellation fügt sich das Kind über den Erwerb der Sprache in die Ordnung des Symbolischen ein, indem es sich aus der symbiotischen Abhängigkeit von der Mutter löst und sein Begehren in sozial erwünschten Formen reguliert. Lacan bezieht sich hier sowohl auf Sigmund Freuds psychoanalytische Theorie der Subjektwerdung als auch auf die anthropologischen Untersuchungen von Claude Lévi-Strauss, der im Inzesttabu eine universelle, kulturstiftende Struktur menschlicher Gesellschaften zu erkennen meinte. Zentrales Strukturmoment der ödipal konfigurierten symbolischen Ordnung ist das *Gesetz des Vaters*, das dem ursprünglichen Begehren des Kindes nach seiner Mutter ein Ende setzt und es qua Inzestverbot und Kastrationsdrohung in »normale« (heterosexuelle, nichtinzestuöse) Bahnen lenkt. So wird dem Sohn das Begehren der Mutter verboten; statt mit seinem Vater zu rivalisieren, identifiziert er sich mit diesem und richtet sein Begehren auf andere Frauen. Die Tochter identifiziert sich mit ihrer Mutter und richtet ihr Begehren auf andere Männer: »Sowohl die männliche als auch die weibliche Position werden also durch prohibitive Gesetze begründet, die die kulturell intelligiblen Geschlechtsidentitäten erzeugen.« (UdG, 53)

Von Lacan übernimmt Butler unter anderem das Argument, dass das Einnehmen eines Geschlechts prinzipiell unsicher und immer der Gefahr des Scheiterns ausgesetzt ist: Die Geschlechtszugehörigkeit ist »ein Ideal, das von jedem nur imitiert wird« (PdM, 136). Das Subjekt kann die symbolische Position nur unter dem ständigen Bemühen einnehmen, dieser idealen Anforderung gerecht zu werden, die es jedoch immer nur annähernd oder teilweise erreichen kann. Um die männliche Subjektposition einnehmen zu können, muss das Subjekt zudem »in der Pose eines autonomen, selbst-begründeten Subjekts« (UdG, 76) auftreten. Diese Autonomie kann jedoch nur durch die Verdrängung der ursprünglichen inzestuösen Lüste und der symbiotischen Abhängigkeit von der Mutter entstehen. Zugleich muss diese Autonomie immer durch die Position der Frau gespiegelt und bestätigt werden. Indem die symbolische Position des autonomen männlichen Subjekts also von der Position des weiblichen Subjekts konstitutiv abhängt, beruht die Anforderung der Autonomie letztlich auf »einer radikalen Abhängigkeit« (UdG, 77). Dieser ebenfalls von Lacan übernommene Gedanke, dass sich die Autonomie des männlichen Subjekts als Illusion erweist, die nur durch die beständige Verdrängung einer grundlegenden Abhängigkeit bewahrt werden kann, stellt ein zentrales Motiv von Butlers weiteren subjekttheoretischen und ethischen Überlegungen dar.

Nun aber zu Butlers Kritik an Lacan: Zwar beruft sich die strukturalistische Perspektive Lacans nicht auf ontologische Aussagen über ein Sein an sich; Butler hält sie aber dennoch für zu hermetisch und mit unzulässigen Universalismen verbunden. Lacan unterscheidet zwischen der formalen Position und den empirischen Erscheinungen – *wer* also *wie* eine strukturelle Position einnimmt, ist nicht durch irgendwelche körperlichen oder substanziellen Eigenschaften festgelegt und empirische Subjekte können die symbolischen Positionen niemals vollständig ausfüllen. Dennoch wendet Butler kritisch ein, dass die theoretische Annahme abstrakter, transzendentaler symbolischer Positionen bestimmte kulturelle Erscheinungen als universelle Form verdingliche und festschreibe – »bestimmte Konzeptionen von Verwandtschaft [werden] erst zeitlos gemacht und dann in den Rang grundlegender Strukturen der Intelligibilität erhoben« (MdG, 80). Butler stört sich zum einen daran, dass auf diese Weise unter der Hand bestimmte normative Regulierungen von Verwandtschaft und Begehren in den Rang universeller Gesetze erhoben werden, und zum anderen daran, dass diese Regulierungen dadurch wiederum jedem verändernden Zugriff entzogen scheinen. Alle Begehrensformen und Praktiken, die die heterosexuelle Zweigeschlechtlichkeit sowie die ödipale (heterosexuelle) Familienkonstellation infrage stellen und damit ein »besorgniserregendes Feld geschlechtlicher Möglichkeiten« (MdG, 81) eröffnen können, werden auf diese Weise einer endgültigen, verbietenden Autorität unterworfen: Das Symbolische erscheint als Instanz, die »dieser Sorge ein Ende bereiten kann« (MdG, 81).

Butler interessiert sich aber nun gerade für die Frage, für wen dieses besorgniserregende Feld geschlechtlicher Möglichkeiten weniger eine Bedrohung darstellt als vielmehr überhaupt erst die Möglichkeit eines intelligiblen Daseins schaffen könnte: Wie werden durch die symbolische Ordnung die Grenzen des Menschlichen festgelegt? Wer erhält im Rahmen dieser Ordnung ein Recht auf Dasein, auf den Status eines menschlichen Subjekts, und wer oder was ist von diesem Recht ausgeschlossen? Wie ließe sich die symbolische Ordnung verändern, um mehr Lebensmöglichkeiten zu eröffnen?

Um diese Fragen nach denjenigen Existenzformen, die von der symbolischen Ordnung ausgeschlossen werden, stellen zu können, ist es wichtig, so Butler, die symbolische Abwehr besorgniserregender Möglichkeiten nicht als unweigerlichen Effekt einer universellen Struktur, sondern als eine prinzipiell anfechtbare und dadurch veränderbare *Machtwirkung* zu begreifen, die nur bestimmten Subjekten Handlungsfähigkeit ermöglicht und diesen Subjekten im gleichen Zuge eine natürliche Substanz und Wahrheit zuspricht: »›Wahrheit‹ und ›Wirklichkeit‹ zu haben oder aufzuweisen ist ein enorm starkes Vorrecht in der sozialen Welt, eine Art, wie sich Macht als Ontologie verstellt.« (MdG, 50) Die Wahrheit und Wirklichkeit bestimmter Subjekte wird immer um den Preis der Verwerfung und Entwirklichung anderer möglicher Subjektivitäten erlangt – dies sichtbar zu machen, ist eines der theoretischen und politischen Anliegen Butlers.

Mit diesem Hinweis, dass sich Macht über den Anspruch, die Wahrheit zu sprechen, als Ontologie verstellt, verweist Butler auf Foucault, der die Frage nach der Wahrheit als eine Frage nach den *praktischen Grenzziehungen* formuliert, die in einer historisch-kulturellen Epoche die Regeln für das, was gesagt werden kann, festlegen. Aussagen über das, was *ist* (ontologische Aussagen), werden von Foucault als Effekte historischer Regeln analysiert, die sich innerhalb bestimmter gesellschaftlicher Machtverhältnisse formieren. Foucault verwirft also die Annahme, es gebe eine transzendentale Wahrheit, zu der wir mit den richtigen Erkenntnisverfahren Zugang erhalten können. Ihn interessieren vielmehr die spezifischen Regeln und Verfahren, die bestimmte Aussagen in einer historischen Formation als richtig oder wahr erscheinen lassen, während andere Aussagen als falsch oder irrig verworfen werden: »Die Wahrheit ist von dieser Welt; in dieser wird sie aufgrund vielfältiger Zwänge produziert, verfügt sie über geregelte Machtwirkungen. Jede Gesellschaft hat ihre eigene Ordnung der Wahrheit, ihr[e] ›allgemeine Politik‹ der Wahrheit: d. h. sie akzeptiert bestimmte Diskurse, die sie als wahre Diskurse funktionieren läßt; es gibt Mechanismen und Instanzen, die eine Unterscheidung von wahren und falschen Aussagen ermöglichen und den Modus festlegen, in dem die einen oder anderen sanktioniert werden; es gibt bevorzugte Techniken und Verfahren zur Wahrheitsfindung; es gibt einen Status für jene, die darüber zu befinden haben, was wahr ist und was nicht.« (Foucault 1978, 51)

In diesem Zitat deutet sich an, dass für Foucault immer ein Zusammenhang zwischen Wahrheit, Wissen und Macht besteht und sich entsprechend auch keine universelle Struktur wahrer Aussagen erkennen lässt, dass vielmehr immer nur spezifische historische Konstellationen rekonstruierbar sind, die bestimmte Aussagen als möglich und wahr erscheinen lassen. In der bei Foucault im Mittelpunkt stehenden Epoche der abendländischen Moderne zeichnet sich diese Konstellation unter anderem dadurch aus, dass die Wahrheit als etwas Transzendentales erscheint, als etwas, was jenseits der Aussagen liegt, was es also zu erkennen und zu benennen gilt. Aussagen werden dementsprechend danach beurteilt, ob sie in Bezug auf diese transzendentale Wahrheit richtig oder falsch sind. Die Aufgabe des erkennenden Subjekts besteht in dieser Konstellation darin, durch wissenschaftlich-empirische Verfahren einen möglichst unverfälschten – *wahren* – Zugang zu den Dingen zu finden. Diese Wahrheit scheint gleichsam jenseits von individuellem Begehren oder von gesellschaftlichen Machtverhältnissen zu liegen und hat damit eine spezifische Machtwirkung – nämlich dass sie als kulturell neutrale Ontologie auftreten kann: »So bietet sich unseren Augen eine Wahrheit dar, welche Reichtum und Fruchtbarkeit ist, sanfte und universelle Kraft. Und wir übersehen dabei den Willen zur Wahrheit – jene gewaltige Ausschließungsmaschinerie.« (Foucault 1991, 17)

Diese Erkenntnis, dass Wahrheit stets innerhalb bestimmter Prozeduren hervorgebracht wird und daher immer auch mit Machtverhältnissen verknüpft ist, greift Butler auf. Sie interessiert sich für die gewaltsamen Effekte dieser Konstellation, die darin bestehen, dass sich Macht als Ontologie verstellt und damit die Kraft einer transzendentalen Wahrheit für sich beansprucht. Der hartnäckige Wahrheitsanspruch einer biologischen Zweigeschlechtlichkeit gegenüber widersprüchlichen Phänomenen, wie zum Beispiel der Intersexualität, ließe sich damit als ein Machteffekt interpretieren, der darauf beruht, dass die Zweigeschlechtlichkeit jenseits oder vor jeder kulturellen Interpretation als transzendentale Wahrheit in der Natur verortet wird – alle Lebensformen, die sich nicht den Kategorien der Zweigeschlechtlichkeit zuordnen lassen, erscheinen als Abweichungen oder Pathologien, die toleriert oder »behandelt« werden müssen.[3] Mit diesem Blick auf ontologische Machtwirkungen der symbolischen Ordnung lässt sich die Frage, »warum die Gesellschaft am Ideal der morphologischen Zweigeschlechtlichkeit festhält, obwohl ein erheblicher Prozentsatz von Kindern verschiedenartige Chromosomen besitzt und zwischen männlich und weiblich ein Kontinuum existiert« (MdG, 108), als *politische* Frage formulieren.

Und damit werden die Grenzziehungen einer vermeintlich natürlichen Ordnung als soziale (und veränderbare) Effekte von Machtverhältnissen sichtbar.

Von Foucault übernimmt Butler die Annahme, dass Macht ganz generell die Substanz des Sozialen ist und damit erst einmal jedes Wirken von sozialen Elementen auf andere soziale Elemente bezeichnet. Macht ist also in diesem Verständnis kein Besitz bestimmter Institutionen, Gruppen oder Subjekte und wird auch nicht einseitig (von oben nach unten) ausgeübt, vielmehr sind Machtverhältnisse immer Wirkungen und Gegenwirkungen. Dies schließt nicht aus, dass es bestimmte Verfestigungen und Hierarchien gibt, die mächtigere und weniger mächtige Positionen hervorbringen, aber Macht zeichnet sich dadurch aus, dass sie grundsätzlich auf Subjekte wirkt, die sich zu ihren Wirkungen *verhalten* und dadurch immer auch Gegenwirkungen hervorbringen können. Daran schließt an, dass Macht nicht in erster Linie eine Unterdrückungsinstanz ist, sondern ganz im Gegenteil produktive Wirkungen entfaltet. Foucault diskutiert diese Produktivität vor allem anhand des Phänomens der Sexualität, das er als eine Hervorbringung moderner Machtverhältnisse betrachtet. Er wendet sich gegen die Annahme, Sexualität sei eine transzendentale Essenz des Menschen, die in der abendländischen Moderne von den prüden Vorstellungen christlich-bürgerlicher Sexualmoral machtvoll unterdrückt werde. Foucault geht vielmehr davon aus, dass gerade die vielfältige Thematisierung von Sexualität in der Moderne – in der Medizin, der Biologie, der Pädagogik, der Psychoanalyse, in religiösen und weltlichen Moralvorstellungen, in zwischenmenschlichen Beziehungen – überhaupt erst das Phänomen der Sexualität als *spezifische Verknüpfung* von körperlichen Funktionen, Begehren, Verhaltensweisen, Empfindungen, Moralvorstellungen und dergleichen hervorgebracht und zu einem besonderen Zugang zur Wahrheit des Menschen hat werden lassen.

Auf dieses foucaultsche Verständnis einer produktiven Wirkung von Macht stützt sich Butler auch in ihrer Kritik an der Annahme Lacans und Lévi-Strauss', dass das durch den Ödipuskomplex formierte Inzesttabu universelle Gültigkeit habe. Vielmehr sei dieses strukturalistische »Gesetz« als *historische* Machtwirkung zu verstehen, die nicht ein ursprüngliches (inzestuöses) Begehren der Mutter verdrängt, sondern dieses Begehren überhaupt erst hervorbringt und in diesem selbst erzeugten ontologischen Effekt wiederum die Rechtfertigung für spezifische Verbote und »richtige« Begehrensstrukturen findet: »Das Tabu kann dahingehend verstanden werden, daß es sowohl das Begehren nach der Mutter / dem Vater, als auch die zwanghafte Verschiebung dieses Begehrens erzeugt und aufrechterhält. Demnach wird die Vorstellung von einer für immer verwehrten und verdrängten ›ursprünglichen‹ Sexualität zum Produkt des Gesetzes, das dann als dessen Verbot auftritt.« (UdG, 119)

Butler folgt Lacan insofern, als sie annimmt, dass Sprache ihre Bedeutung immer nur innerhalb der Gesetze der symbolischen Ordnung erhält und keinen direkten (sprachlich formulierbaren) Zugriff auf eine außerhalb dieser Gesetze liegende Wirklichkeit haben kann. Das Gesetz der symbolischen Ordnung ist in diesem Sinne eine linguistische Struktur, die eine Grenze markiert, die das Intelligible vom Nichtintelligiblen trennt und auf diese Weise das, was sich in Sprache ausdrücken lässt, regelt. Mit Foucault liest Butler dieses Gesetz jedoch als »eine *Macht*formation« (UdG, 118) und verwendet eher den Begriff der Norm, um diese regulierende Kraft zu bezeichnen. Mit der Regulierung durch die Norm wird nicht nur die »richtige« (nichtinzestuöse, heterosexuelle) Form des Begehrens erzwungen, sondern im gleichen Zug auch der Gegenstand des Verbots (ein ursprüngliches inzestuöses, bisexuelles Begehren) überhaupt erst hervorgebracht. Dieses »ursprüngliche« Begehren ist also kein vorkulturelles Außen, sondern eine Möglichkeit, die erst innerhalb dieses kulturellen Rahmens entsteht – als die Abgrenzung, über die sich das »normale« heterosexuelle Begehren definiert.

Der Begriff des Außen wird uns im Folgenden noch näher begegnen. Hier soll zunächst festgestellt werden, dass Butler zwar davon ausgeht, dass wir nicht wissen können, was außerhalb des Gesetzes (oder der Norm) liegt. Dies bedeutet jedoch nicht, dass es für sie nichts außerhalb des Gesetzes gibt, vielmehr kann das Gesetz nie alle Möglichkeiten des Lebens erfassen und erzeugt gerade deswegen bestimmte ausschließende Machteffekte. So wird durch die Instituierung einer bestimmten Form des Begehrens als Normalität das Mögliche in bestimmter Weise beschrieben; und dadurch werden zugleich andere Formen des Begehrens und der Verwandtschaft – Homo- und Bisexualität, homosexuelle Elternschaft, inzestuöses Begehren – erzeugt, die ihrerseits aber immer nur als Abweichungen und damit als weniger »natürlich« erscheinen können. Wird dieses Gesetz nun als Universalität festgeschrieben, dann wird der Machteffekt, der normale Formen und Abweichungen unterscheidet, bestätigt. Damit einher geht die Marginalisierung und Entwirklichung anderer Lebensformen: »Eine der symbolischen Konsequenzen eines derart [universalistisch] formulierten Gesetzes ist eben die Derealisierung von lesbischen und schwulen Formen der Elternschaft, alleinerziehenden Müttern, gemischten Familienarrangements, in denen es möglicherweise mehr als eine Mutter oder einen Vater gibt, in denen die symbolische Position selbst verstreut und in neuen sozialen Anordnungen reartikuliert ist.« (MdG, 256)

Heterosexuelle Matrix und Phallogozentrismus

Butler beharrt also auf der historischen Kontingenz der Norm, was aber gerade nicht bedeutet, dass sie dies mit Beliebigkeit gleichsetzt; Normen sind nicht frei wählbar, schon gar nicht von einzelnen Individuen. Butlers Interesse richtet sich vielmehr darauf, dass bestimmte Normen in historischen Konstellationen als Notwendigkeit erscheinen und dadurch spezifische Machtwirkungen entfalten. (Vgl. AV, 43) Dieses Anliegen soll nun anhand ihrer Überlegungen zur Frage der Geschlechterordnung nachvollzogen werden, bei denen sie ihren Fokus auf zwei »definierende Institutionen« (UdG, 9) der symbolischen Strukturen richtet. Dies ist zum einen das Konzept des *Phallogozentrismus*, bei dem Männlichkeit und Weiblichkeit in konstitutiver Abhängigkeit voneinander hervorgebracht werden. Zum anderen geht es um das Konzept der *heterosexuellen Matrix*, mit dem Butler jenen Strukturzusammenhang in gesellschaftliche (veränderbare) Machtverhältnisse einbettet.

Das Konzept des *Phallogozentrismus* übernimmt Butler von der französischen Psychoanalytikerin Luce Irigaray, die damit die spezifische Verknüpfung des autonomen Subjekts mit einer männlichen Ordnung des Symbolischen erfasst. Irigaray führt die Figur des selbstbestimmten Subjekts im Rekurs auf Lacan auf die spezifische binäre Logik einer männlichen Bedeutungsökonomie zurück, die die Selbstgewissheit des Subjekts durch die Verleugnung seiner Abhängigkeit hervorbringt. Im Anschluss an Derrida bezeichnet der Begriff des *Logozentrismus* eine besondere Struktur des Denkens im christlichen Abendland, das von einem externen Referenzpunkt von Bedeutungen ausgeht, also annimmt, es gebe eine transzendentale Ursache oder Wahrheit, auf die sich Aussagen beziehen (müssen). Dieses Denken operiert zudem mit sich wechselseitig ausschließenden Gegensatzpaaren (Kultur/Natur, Geist/Körper, Vernunft/Gefühl, Subjekt/Objekt, Mann/Frau usw.), die hierarchisch strukturiert sind. Irigaray erkennt in dieser spezifischen Strukturierung des Denkens eine *phallogozentrische* Logik, eine »männliche Bedeutungs-Ökonomie« (UdG, 29): Der Mann wird als Repräsentant des Geistes zum Grundmodell des Menschen erhoben, während die Frau als Abweichung der Körperlichkeit zugeordnet wird. Diese Binarität lässt sich mit Irigaray als »maskuline List« (UdG, 51) lesen, durch die die subversive Vielfältigkeit des Lebens in der Einstimmigkeit der Männlichkeit gebändigt und zugleich diese Einstimmigkeit durch Binarität maskiert wird (vgl. UdG, 41). Das Weibliche ist insofern immer nur in konstitutiver Abhängigkeit zum Männlichen zu denken und verweist nicht auf ein von sich heraus gegebenes weibliches Geschlecht. Infolgedessen ist das Weibliche als eigenständige ontologische Bestimmung innerhalb der männlichen Bedeutungsökonomie gar nicht repräsentierbar; es kann immer nur im Verhältnis und in der Differenz zum männlichen Allgemeinen bezeichnet werden – die Frau ist nicht einfach das Andere, sie ist das Andere *des Mannes*. In diesem Sinne verweist das Weibliche nicht auf eine an sich gegebene Substanz, sondern auf eine »unrepräsentierbare Abwesenheit« (UdG, 53). Das Weibliche ist in der phallogozentrischen Ordnung das *konstitutive Außen* des Männlichen, das, was die Bestimmung des Männlichen möglich macht und zugleich aber in dieser Bestimmung unsichtbar wird.

In der Auseinandersetzung mit Irigaray arbeitet Butler also unter anderem die Bedeutung des konstitutiven Außen heraus: Das Weibliche weist bei Irigaray darauf hin, dass die phallogozentrische symbolische Ordnung nicht alle Möglichkeiten des Lebens erfassen kann. Durch die Festlegung dessen, was innerhalb dieser Ordnung Wirklichkeit erlangen kann, wird anderes als unmöglich, monströs oder gar undenkbar ausgeschlossen. Die Wirklichkeit trägt ihre Ausschlüsse jedoch in sich – noch in ihrem Ausschluss sind die verworfenen Möglichkeiten für sie konstitutiv. Diesen Gedanken des konstitutiven Ausschlusses greift Butler in zweierlei Hinsicht auf. Zum einen nutzt sie ihn, um thematisierbar werden zu lassen, dass es verworfene, illegitime Körper und Begehren *gibt*, die an den Rändern oder gar außerhalb des Intelligiblen eine Art Schattendasein (als deviant, pathologisch, monströs) führen. Zum anderen verweist das konstitutive Außen auf eine virtuelle Vielfalt, auf bisher undenkbare, unfassbare Möglichkeiten.

Für eine Kritik an der männlichen Bedeutungsökonomie stellt sich allerdings das Problem, dass jeder Verweis auf andere

Möglichkeiten immer nur im Rahmen der Begriffe der phallogozentrischen Ordnung denkbar ist. Es gibt daher keine direkte sprachliche Zugriffsmöglichkeit, die andere Möglichkeiten als konkrete (weibliche) Alternative zur herrschenden (männlichen) Ordnung formulierbar oder repräsentierbar machen könnte. Den Verwerfungen, die das Männliche hervorbringt, kann also nicht ein konkretes Anderes (das Weibliche) kritisch entgegengehalten werden, ohne dass dafür immer zugleich die definierenden Prämissen der männlichen Bedeutungsökonomie mobilisiert werden.

Dieser Gedanke, dass es unmöglich ist, sich in der Kritik bestehender Verhältnisse auf ein konkretes Außen zu berufen, spielt eine zentrale Rolle in Butlers Erarbeitung einer immanenten Kritikstrategie. Es stellt sich für sie die Frage, wie dieses Andere oder dieses Außen als Verunsicherung in der herrschenden Bedeutungsökonomie wirksam gemacht werden kann, ohne es mit deren Begriffen gleichsam domestizieren zu müssen: »Wie kann man diese Andersheit durchqueren? Wie kann man sie durchqueren, ohne sie durchzustreichen, ohne ihre Begriffe zu zähmen?« (MdG, 286)

Problematisch findet Butler allerdings, dass Irigaray der Logik der männlichen Bedeutungsökonomie eine monologische Geschlossenheit zuschreibt. Irigaray lasse den Phallogozentrismus als universelle Struktur erscheinen, die in verschiedenen Kulturen lediglich unterschiedliche Formen annimmt, und wiederhole somit den allumfassenden Anspruch der männlichen Bedeutungsökonomie mit einer gleichfalls allumfassenden Geste des Feminismus. Einerseits mache Irigaray die inhärente Inkohärenz der männlichen Bedeutungsökonomie erkennbar und eröffne Spielräume, um diese Ordnung zu stören. Da sie Geschlechterdifferenz jedoch als universelle Struktur setze, bestehe andererseits die Gefahr, dass genau das begriffliche Instrument dieser Störung (das Weibliche) wiederum eine stillschweigende, unhinterfragte Norm einführt: »Der Versuch, die ›anderen‹ Kulturen als gleichsam bunte Erweiterungen eines allumfassenden phallogozentrischen Systems einzuschließen, stellt einen Aneignungsakt dar, der riskiert, die selbsterweiternde Geste des Phallogozentrismus zu wiederholen: indem er nämlich die Kulturen, die dieses totalisierende Konzept in Frage stellen könnten, unter dem Vorzeichen desselben kolonisiert.« (UdG, 33)

Um diesem totalisierenden Gestus zu entgehen, betont Butler die Bedeutung eines antifundamentalistischen Zugangs zum Subjekt, der jeden Rückgriff auf allgemeine Setzungen, wie beispielsweise die Universalisierung der phallogozentrischen Differenz von Mann und Frau, vermeidet. In den Arbeiten von Monique Wittig findet Butler einen Ansatz, mit dem sich einer solchen monologischen Konzeption des Phallogozentrismus widersprechen lässt. Dort wird begründet, dass das sich universell präsentierende, autonome männliche Subjekt in historischen Machtverhältnissen hervorgebracht wird – und damit als universelle Figur veränderbar ist. Wittig fragt nach den Möglichkeiten, wie Sprache so angeeignet und umgeformt werden kann, dass die Binarität der Geschlechterdifferenz, ja überhaupt die Geschlechtlichkeit der Subjekte als sprachliche Markierung überwunden werden könnte. Die Differenz von Mann und Frau begreift Wittig als eine Unterscheidung, die nur durch die gesellschaftliche Institution des heterosexuellen Vertrags möglich ist.

Butler greift dies in ihrem Konzept der *heterosexuellen Matrix* auf, mit der sie eine symbolische Struktur bezeichnet, die festlegt, dass es genau zwei Geschlechter gibt, dass jedes normale Subjekt eine kohärente, dem körperlichen Geschlecht entsprechende Geschlechtsidentität haben muss und dass das normale Begehren auf das jeweils andere Geschlecht gerichtet ist. Für Wittig ist diese Matrix konstitutiv mit gesellschaftlichen, also historisch spezifischen, Ausbeutungsverhältnissen verbunden (der Männer, die im Eheverhältnis über die Arbeitskraft der Frauen verfügen können). Dieses Ausbeutungsverhältnis gründet für Wittig allerdings gerade nicht auf einer vorgängigen geschlechtlichen Differenz, sondern bringt diese Differenz – gewissermaßen als produktive Machtwirkung – erst hervor. Ein Machteffekt dieser Differenz besteht dann wiederum darin, dass sie als ideologische Legitimierung der Ausbeutung wirken kann, indem sie eben nicht als deren Effekt, sondern als deren Voraussetzung erscheint und eine spezifische, hierarchische Arbeitsteilung als natürlich und notwendig erscheinen lässt.

Auch Wittig geht also im Rahmen der heterosexuellen Matrix von einer konstitutiven Verknüpfung von Männlichkeit und Weiblichkeit aus und wendet sich gegen die Vorstellung, es gebe eine Substanz des Weiblichen, die dem Männlichen kritisch entgegengesetzt werden könne. Wittigs Strategie der Kritik zielt darauf, die Kategorie des Geschlechts abzuschaffen, um auch Frauen den Zugang zum Status des universalen Subjekts zu ermöglichen und damit das Universelle selbst zu verändern. Akteurinnen dieser emanzipatorischen Bestrebungen sind für Wittig Lesben, die sich den Zwängen der Heterosexualität und damit der Ausbeutung durch den Mann – und auf diese Weise sogar der Kategorie »Frau« – entziehen. Butler sieht hier wiederum das Problem, dass Wittig den Lesben einen Status als Person zuschreibt, der außerhalb oder jenseits der heterosexuellen Matrix liegt. Folglich müsse Wittig von einer Substanz des Subjekts ausgehen, die unabhängig von sprachlichen Bestimmungen ist. Dadurch bestätigt Wittig aber »nicht nur den vorgesellschaftlichen Status menschlicher Freiheit, sondern unterschreibt auch genau jene Metaphysik der Substanz, die für die Produktion und Naturalisierung der Kategorie ›Geschlecht‹ verantwortlich ist« (UdG, 42 f.).

In ihrer Auseinandersetzung mit Irigaray und Wittig problematisiert Butler also den *konstitutiven Zusammenhang* von Geschlechterdifferenz und Subjektstatus und fragt danach, wie sich diese beiden historischen Bestimmungen menschlichen Seins gegenseitig hervorbringen und stützen. Sie macht die Geschlechterordnung auf diese Weise als eine Bedingung der Intelligibilität von Subjekten erkennbar, die als solche zwar notwendig ist (also nicht beliebig abgeschafft werden kann), die zugleich aber in dynamischen Machtverhältnissen hervorgebracht und somit historisch veränderbar ist.

Performativität, Iterabilität und Materialisierung

In ihrer Auseinandersetzung mit Lacan und Foucault geht es Butler darum, die prinzipielle Veränderbarkeit der Bedingungen der Subjektwerdung zu begründen. In der Auseinandersetzung mit Irigaray und Wittig zeigt sie dann auf, dass es kein Subjekt gibt, das in irgendeiner Weise den Macht-Diskurs-Regimen äußerlich gegenübersteht, und dass es dennoch möglich sein muss, eine Veränderbarkeit dieser Ordnung zu denken. Wenn es allerdings kein Subjekt gibt, das dieser Ordnung äußerlich gegenübertreten kann, dann werden der humanistischen Denktradition verpflichtete Vorstellungen von Widerständigkeit hinfällig, weil sie die Quelle des Widerstands in einem äußerlichen Verhältnis von Subjekt und Macht verorten. In diesem Abschnitt soll die Frage geklärt werden, inwiefern Butler eine Konzeption von Strukturen entwirft, die nicht hermetisch und unveränderbar sind, deren Veränderbarkeit aber auch nicht auf Impulsen von außen beruht. Vielmehr birgt dieser Strukturzusammenhang in sich selbst eine Dynamik, und diese Dynamik erzeugt Momente oder Effekte, die wiederum die identische Reproduktion dieses Strukturzusammenhangs unmöglich machen und damit immer auch über ihn hinausweisen. Butler entwirft das Verständnis eines Subjekts, das nicht von den Strukturen determiniert ist, aber auch keine inhärente Freiheit gegenüber diesen Strukturen aufweist.

Handlungsfähigkeit ist aus Butlers Perspektive keine Eigenschaft, die dem Subjekt als Substanz innewohnt; dennoch *sind* Subjekte handlungsfähig. Sie sind aber weder metaphysischer Ursprung noch Ort dieser Handlungsfähigkeit, sondern erlangen diese Handlungsfähigkeit nur durch die Bedingungen, zu denen sie sich verhalten – und gegen die sie rebellieren können. Soll ein intelligibles Subjekt handlungsfähig sein, muss dieses Subjekt »aus einem Satz sprachlicher Konventionen schöpfen und diese Konventionen, die traditionell funktioniert haben, rezitieren, um eine gewisse Art von Effekten hervorzurufen« (SL, 124). Dieser Aspekt des Rezitierens der vorgegebenen Konventionen soll nun etwas genauer betrachtet werden, denn er stellt den Schlüssel zu Butlers Verständnis von Handlungsfähigkeit dar. Subjekte können nur unter Bezug auf eine ihnen vorgegebene Ordnung Effekte hervorrufen (handlungsfähig sein), zugleich existiert diese Ordnung aber nur in der und durch die rezitierende Wiederholung seitens dieser Subjekte – und diese Abhängigkeit der Ordnung von der rezitierenden Aktivität bedingt eine grundlegende Instabilität dieser Ordnung.

Wie Subjekte durch ihre rezitierenden Handlungen Effekte hervorbringen, erfasst Butler mit dem Konzept der *Performativität*, das sie von Austin übernimmt. John Langshaw Austin, der Begründer der Sprechakttheorie, unterscheidet zwischen performativen und konstativen Dimensionen sprachlicher Äußerungen. Performativität zeichnet sich dadurch aus, dass sie nicht einfach Tatsachen beschreibt, feststellt oder über diese berichtet, sondern dass sie Tatsachen hervorbringt. Das viel zitierte Beispiel, mit dem sich diese performative Kraft von Sprache veranschaulichen lässt, ist der standesamtliche Ausspruch: »Hiermit erkläre ich euch zu Mann und Frau.« Mit diesem Ausspruch werden zwei Menschen nicht als Eheleute beschrieben, sondern als solche überhaupt erst hervorgebracht.

Dass die Unterscheidung der konstativen und performativen Dimension von Sprache allerdings alles andere als eindeutig ist, lässt sich an einem Beispiel Butlers verdeutlichen: So kann die Äußerung der Hebamme bei der Geburt eines Kindes (»Es ist ein Mädchen!«) vordergründig als reine Feststellung einer körperlichen Tatsache (des Vorhandenseins bestimmter Genitalien) erscheinen. Obgleich sich diese Aussage vermeintlich rein beschreibend an ein körperliches Merkmal knüpft, können ihre Bedeutung und Tragweite aber nicht durch dieses Merkmal erklärt werden: »mit der ärztlichen Interpellation [...] wechselt das Kleinkind von einem ›es‹ zu einer ›sie‹ oder einem ›er‹; und mit dieser Benennung wird das Mädchen ›mädchenhaft‹ gemacht, es gelangt durch die Anrufung des sozialen Geschlechts in den Bereich von Sprache und Verwandtschaft« (KvG, 29). Butler will darauf hinaus, dass das Kind durch diese Anrufung als Mädchen überhaupt erst den Status eines intelligiblen Subjekts erhält, dies aber nur unter der Bedingung, dass es einen bestimmten Platz in einer bestimmten sozialen Ordnung einnimmt, die sich nicht auf körperliche Merkmale zurückführen lässt. Die performative Tragweite dieser Anrufung lässt sich am Beispiel eines Comicstrips verdeutlichen, bei dem die Geburtssituation mit dem Ausspruch »Es ist eine Lesbe!« parodiert wird. (KvG, 318) Die Performativität dieser Äußerung leuchtet in ihrer Absurdität wahrscheinlich unmittelbar ein – hier scheint klar, dass dem Kind etwas auferlegt wird, was nicht durch bloße Inaugenscheinnahme seines Körpers erkennbar ist. Die Äußerung »Es ist ein Mädchen!« unterscheidet sich von dieser Absurdität aber lediglich in der Autorität der unmittelbaren Evidenz, dem Anspruch auf Wahrheit, der ihr durch den Bezug auf die symbolische Ordnung, oder noch genauer: auf die historischen Macht-Diskurs-Regime zukommt.

In ihrer Auseinandersetzung mit der Sprechakttheorie Austins weist Butler ferner darauf hin, dass sprachliche Äußerungen ihre Wirkung nicht nur und nicht in erster Linie im Moment ihres Vollzugs entfalten. So vollzieht sich beispielsweise die performative Hervorbringung des Geschlechts nicht endgültig in einem ursprünglichen Sprechakt, sie erzielt ihre dauerhafte Wirkung vielmehr erst in Prozessen ständiger, zitierender Wiederholung: Das bei der Geburt zum Mädchen gemachte Kind wird »von den verschiedensten Autoritäten und über diverse Zeitabschnitte hinweg« (KvG, 318) immer wieder als solches angerufen und stellt sich selbst als solches dar, wodurch der Effekt der Naturalisierung und Normierung immer wieder bestätigt und verstärkt wird. Geschlechtszugehörigkeit erscheint so als eine sprachlich-symbolische Hervorbringung, die zugleich als Prozess nie abgeschlossen ist und die in sehr unterschiedlichen zeitlichen und örtlichen Kontexten immer wieder bestätigt werden muss. Das Mädchen-Sein des Kindes wird durch das Zitieren der Normen, die festlegen, was es heißt, ein Mädchen zu sein, immer wieder hervorgebracht und bestätigt. Das Mädchen-Sein ist mithin nicht in irgendwelchen inneren oder natürlichen Eigenschaften des Kindes begründet, sondern wird durch das performative Zitieren jener Matrix hervorgebracht, die festlegt, dass Menschen mit bestimmten körperlichen Merkmalen nur Mädchen sein können und dass dies mit bestimmten Eigenschaften, Verhaltensweisen und Begehrensstrukturen einhergeht. Die Worte, Gesten, Handlungen, mit denen diese performative Herstellung der Geschlechtsidentität immer wieder vollzogen wird, drücken also keine vorgängige Geschlechtszugehörigkeit aus, erzeugen aber rückwirkend, so Butler, den Effekt eines »inneren Geschlechtskerns« (PdM, 136). Und in diesem inneren Geschlechtskern, der als natürliche Anlage oder als biologische Tatsache erscheint, manifestiert sich die Machtwirkung der Geschlechternorm als Ontologie und entzieht sich auf diese Weise dem Zugriff grundsätzlicher Anfechtungen.

Wie Butlers Auseinandersetzung mit Lacan gezeigt hat, betrachtet sie die symbolische Ordnung nicht als geschlossen und universal, sondern schreibt ihr vielmehr eine inhärente Instabilität und Veränderbarkeit zu. Diese grundlegende Instabilität führt Butler nun im Anschluss an Derrida darauf zurück, dass diese Ordnung nur in einer zitatförmigen Aufführung seitens der Subjekte besteht; jedes sprachliche Element muss deshalb wiederholbar sein und ist dadurch zugleich der Möglichkeit oder Gefahr der Verschiebung ausgesetzt, denn Zeichen können in unterschiedlichen Kontexten, in verschiedenen Bedeutungsketten zitiert werden. In dieser als *Iterabilität* bezeichneten zeitlichen und räumlichen Bewegung der Sprache in unterschiedlichen Bedeutungskontexten eröffnet sich die Möglichkeit der Umdeutung oder Resignifikation. So kann das Mädchen-Sein für das kleine Kind eine Ausdrucksmöglichkeit sein, mit der es seine zunehmende soziale Kompetenz interpretiert und unter Beweis stellt; je nach Kontext kann der Bezug auf das Mädchen-Sein als positive oder negative Abgrenzung gegenüber Jungen dienen. Mädchen können ihr Mädchen-Sein in stark stereotypisierten Formen zum Ausdruck bringen oder es unkonventionell interpretieren und als Mädchen bestimmte Fähigkeiten für sich in Anspruch nehmen, die normativ als jungenhaft codiert sind. Im letzteren Fall würden sie sowohl die Bedeutung des Mädchen-Seins als auch die Codierung dieser Fähigkeiten subversiv verschieben. Die Bedeutung von »Mädchen« ist also nichts, was festgeschrieben ist; die Bedeutung ist immer relational (sie besteht beispielsweise nur in Bezug und in Abgrenzung zu der Bedeutung von »Junge«, »Mann«, »Frau«) und sie ist immer kontextualisiert.

Diese grundlegende Instabilität von Bedeutung ist ein Schlüssel zum Verständnis der butlerschen Konzeption von Handlungsfähigkeit. Sie interessiert sich insbesondere für widerständige Aneignungsmöglichkeiten, die sich durch eine kontextuelle Bedeutungsverschiebung von ausschließenden und verletzenden Begriffen ergeben.[4] Diese Prozesse subversiver Aneignung von Begriffen sind aber nicht auf die freie Verfügung handelnder Subjekte zurückzuführen. Butler betont, dass sie Performativität deutlich vom Begriff der Performance abgrenzt. »Performance« unterstelle ein vorgängiges Subjekt, das eine bestimmte Rolle aufführt und diese Aufführung nach Belieben variieren oder sogar ganz sein lassen kann. Performativität hingegen lässt sich für Butler weder auf eine körperliche Essenz noch auf einen ursprünglichen subjektiven Willen zurückführen und sie ist keine freiwillige Aufführung. Performativität kann sich nur im Rahmen einer symbolischen

Ordnung vollziehen, die dem sprechenden, handelnden Subjekt vorgegeben ist und die es reproduziert, indem es sie zitiert. Das Subjekt bedient sich nicht eines performativen Aktes, um seine vorgängigen Absichten zu verfolgen, vielmehr werden seine Absichten als intelligible, also denk- und kommunizierbare Intentionen im Rahmen der symbolischen Ordnung hervorgebracht.

Eine weitere Präzisierung ist notwendig, um dem Missverständnis vorzubeugen, die Annahme einer wirklichkeitskonstituierenden Kraft von Sprache sei gleichbedeutend mit der Annahme, dass alles Sprache ist. Butler stellt beispielsweise mit der Infragestellung der Sex-Gender-Unterscheidung keinesfalls die Behauptung auf, der Körper *sei* rein sprachlich. Vielmehr geht es ihr darum, dass die Materialität des Körpers erst über das System der begrifflichen Ordnung intelligibel wird: »Die Behauptung, jener Diskurs sei formierend, ist nicht gleichbedeutend mit der Behauptung, er erschaffe, verursache oder mache erschöpfend aus, was er einräumt; wohl aber wird damit behauptet, daß es keine Bezugnahme auf einen reinen Körper gibt, die nicht zugleich eine weitere Formierung des Körpers wäre.« (KvG, 33)

Der letzte Halbsatz, der besagt, dass jede Bezugnahme zugleich eine Formierung ist, verweist auf Butlers Konzeption der Materialisierung. Die Materie des Körpers ist in diesem Verständnis nicht eine vorgängige, passive Entität, in die sich dann die kulturellen Begriffe einschreiben, vielmehr erhält sie im Prozess der praktischen Bezugnahme ihre spezifische Gestalt und ist in ihrer Materialität immer in diese Bezugnahme involviert. Performativität geht in Butlers Verständnis über rein sprachliche Benennungen hinaus und umfasst körperliche Praktiken, die über Worte, Gesten, Mimik und Handlungen die Ordnung der Zweigeschlechtlichkeit rezitieren und damit den Körper in seiner Geschlechtszugehörigkeit immer wieder formieren.

Statt Natur in Kultur oder Sprache aufzulösen, fasst Butler die Grenzziehung zwischen Natur und Kultur als diskursiven

Machteffekt, der bestimmte »natürliche« Grenzen des (verge-schlechtlichten) Lebens hervorbringt und diese über eine Verortung in der Natur gleichsam als notwendig erscheinen lässt. Butler löst Natur folglich nicht in Diskurs auf – das Au-ßerdiskursive ist kein diskursiv erzeugter Effekt. Eine Pointe ihrer Argumentation besteht darin, dass sprachliche Bezeich-nungen ihr Objekt nie vollständig erfassen können, gerade weil das Außerdiskursive nicht in Sprache aufgeht. Butler zu-folge erzeugt die (diskursive) Markierung eines Außerdiskur-siven als Natur einen ontologischen Effekt – eine bestimmte Beschaffenheit des Außerdiskursiven als des Natürlichen. Auf diese Weise wirkt die diskursive Markierung als Machtin-strument, das Ausschlüsse und Domänen des Undenkbaren produziert. So werden beispielsweise durch die Behauptung der prädiskursiven Natur der körperlichen Zweigeschlecht-lichkeit Existenzweisen, die sich in diese Binarität nicht ein-ordnen, unmöglich gemacht. Butler macht somit die diskur-sive Grenzziehung zwischen Materialität und Diskurs als ein umkämpftes Feld und damit als wichtigen Gegenstand femi-nistischer Debatten sichtbar.

3. Unterwerfung, Anerkennung, Handlungsfähigkeit

Mit der paradoxen Figur des Subjekts, das nur in der Unterwerfung unter Normen handlungsfähig wird und sich zu diesen Normen (widerständig) verhalten kann, stellt Butler die humanistischen Vorstellungen vom Subjekt infrage. Sie verwirft aber keinesfalls jede Möglichkeit von Handlungsfähigkeit als illusorisch – allerdings löst sie die vermeintlich notwendige Bindung von Souveränität und Handlungsfähigkeit auf. In diesem Kapitel soll daher Butlers These erläutert werden, dass »Handlungsmacht gerade dort [einsetzt], wo die Souveränität schwindet« (HS, 32).

Im vorigen Kapitel habe ich Butlers Verknüpfung von Performativität und Iterabilität als Schlüssel zu der Frage vorgestellt, wie ein Subjekt, das keine innere, von den Normen unabhängige Substanz hat, dennoch nicht dazu verdammt ist, sich diesen Normen widerstandslos unterzuordnen. Da Normen nur bestehen, sofern sie von Subjekten rezitiert werden, lässt sich in gewisser Weise von einem gegenseitigen Abhängigkeitsverhältnis von Normen und Subjekten sprechen. Dieses Verhältnis gilt es nun genauer zu klären, denn auf der im vorigen Kapitel behandelten Ebene der strukturellen Dynamik erscheint Performativität zunächst als formal-sprachliche Möglichkeit. Verfehlungen und Verschiebungen herrschender Normen können nur als zufällig und nichtintentional gedacht werden. Die Kritik am einheitlichen, autonomen Subjekt scheint auf diese Weise für emanzipatorische Perspektiven in eine Sackgasse zu führen. Denn wenn Handlungsfähigkeit nicht als intentional gedacht werden kann, wird der Begriff eines Subjekts letztlich überflüssig, und es erübrigt sich auch jeder Begriff von Politik im Sinne eines intentionalen Eingreifens in gesellschaftliche Verhältnisse.

Um also zu klären, wie Butler ihre Konzeption von Handlungsfähigkeit gerade durch die Ablösung vom souveränen Subjekt begründet, knüpfe ich in diesem Kapitel zunächst nochmals an den Zusammenhang von Performativität und Handlungsfähigkeit an. Zudem sei auf die Bedeutung verwiesen, die Butler dem Kontext von Sprachhandlungen beimisst. Indem sie die Wirkungen von sprachlichen Anrufungen konstitutiv mit den Bedingungen von Raum und Zeit verknüpft, kann sie begründen, dass diese Wirkungen nie eindeutig vorhersehbar oder gar kontrollierbar sind. Mehr noch, sie argumentiert, dass jeder Versuch, Effekte von Sprachhandlungen zu kontrollieren, bestimmte Normen und die mit ihnen verbundenen Machtverhältnisse festschreibt – auf Kosten derjenigen Existenzweisen, die von diesen Normen als unmöglich oder gar monströs verworfen werden. Eine Handlungsfähigkeit, die die Effekte von Normen infrage stellen oder verändern könnte, entsteht aber gerade durch deren Unkontrollierbarkeit. Die Vorstellung, dass Souveränität (beispielsweise des Staates) die Voraussetzung von Handlungsfähigkeit ist, die gezielt Effekte hervorbringen, kontrollieren oder abwenden kann, stellt sich für Butler nicht nur als Illusion dar, sondern erscheint gar als ein politisches und ethisches Problem.

Statt in der Souveränität des Subjekts sieht Butler die Fähigkeit der Kritik vielmehr darin begründet, dass Normen ihre Wirkung in sozialen Kontexten entfalten, die sich permanent verändern. Das Subjekt ist Butler zufolge allerdings keine rein sprachliche Figur, deren Handlungsfähigkeit sich auf die Effekte willkürlicher Veränderungen von Normen reduziert. So lässt sich mit dem bereits angesprochenen Konzept der Materialisierung eine körperliche Dimension erfassen, die völlig willkürlichen Bedeutungsveränderungen bei der performativen Hervorbringung des Subjekts entgegenwirkt. Nun gilt es nachzuvollziehen, welche Bedeutung Butlers Theorie der Konstitution der *Psyche* hat und inwiefern die mit den Konzepten von Performativität und Iterabilität erfasste Dynamik auch durch intentionales Handeln der Subjekte hervorgerufen werden kann.

Im weiteren Verlauf des Kapitels wird also geklärt, ob die Möglichkeit intentionalen oder zielgerichteten Handelns als Ausdruck eines inneren Willens gedacht werden kann, ohne diese Intentionalität jedoch auf die Souveränität des Subjekts zurückzuführen. Butler arbeitet einen konstitutiven Zusammenhang von subjektiver Innerlichkeit und sozialen Normen heraus: Weder gibt es einen inneren Willen vor seiner sozialen Hervorbringung noch erschöpft sich dieser Wille in einer mechanischen Aufführung der Normen.

In einem ersten Schritt wird gezeigt, wie Butler die subjekt-konstituierende Unterwerfung an eine affektive Bindung des Subjekts an die Bedingungen seiner Existenz knüpft: Das Subjekt konstituiert sich, indem es die äußeren Normen als *eigenes* Begehren begreift. Genau diese affektive Bindung an die Bedingungen der Existenz aber kann dazu führen, dass das Subjekt ein Unbehagen an diesen Bedingungen empfindet: Das eigene Begehren kann sich nur durch den Bezug auf Objekte bilden, die im Rahmen der sozialen Normen möglich sind, und ist daher immer mit einem Ausschluss anderer Möglichkeiten verbunden. Dieser Verlust kann sich in der psychischen Dynamik als Unbehagen geltend machen – und Butler interessiert sich dafür, inwiefern und unter welchen Bedingungen aus diesem Unbehagen eine politische Praxis hervorgehen kann.

Performativität: Unterwerfung und Handlungsfähigkeit

Butler geht davon aus, dass das Individuum durch performative sprachliche Anrufungen seinen Platz in der symbolischen Ordnung erhält und dadurch als Subjekt intelligibel wird. So wird beispielsweise das neugeborene Kind durch die performative Geschlechtszuweisung bei der Geburt zu einem vergeschlechtlichten Subjekt und diese Vergeschlechtlichung ist eine Voraussetzung seiner Intelligibilität. Diese Annahme wirft aber zunächst weitere Fragen auf: Wenn es kein souveränes Subjekt gibt, wer vollzieht dann performative Handlungen? Woher erhalten diese Akte der Anrufung ihre subjektkonstituierende Wirkung?

Der Begriff der Anrufung muss etwas genauer in den Blick genommen werden, denn er erhält in Butlers Erklärung der sprachlichen Subjektwerdung offenbar eine zentrale Bedeutung. Louis Althusser, von dem Butler dieses Konzept übernimmt, will damit erfassen, wie ein Subjekt hervorgebracht wird, indem es mit einem Namen oder einer Bezeichnung angerufen wird und sich in dieser Anrede erkennt. Althusser beschreibt diesen Akt der Subjektwerdung paradigmatisch anhand einer Anrufungsszene, in der ein Polizist einen Passanten mit dem Ausruf »He, Sie da!« zum Umdrehen veranlasst. Ohne bewusste Reflexion fühlt sich der Passant angesprochen, erkennt sich in der Anrufung und nimmt dadurch einen (»seinen«) Platz in der symbolischen Ordnung ein. Die Figur des Polizisten versinnbildlicht die Autorität des Gesetzes, die hinter der Macht dieser performativen Anrufung steht, durch die das sich umwendende Individuum *als Subjekt* konstituiert wird.

Butler greift dieses Konzept der Anrufung auf, modifiziert es aber, da es in ihren Augen einige problematische Prämissen enthält. So sei erstens nicht notwendigerweise davon auszugehen, dass das Subjekt sich in der Anrufung erkennt, es sei nicht einmal unbedingt der Fall, dass das Subjekt die Anrufung als solche bemerken muss. Die subjektkonstituierende Wirkung einer Anrufung könne also nicht auf eine bereits bestehende *bestimmte* Bereitschaft oder Disposition seitens des adressierten Subjekts, sich in diesem Namen wiederzuerkennen, zurückgeführt werden. Zweitens könne eine Anrufung erfolgen, der sich das angerufene Subjekt widersetzt, indem es diese Anrufung nicht in dieser Weise akzeptiert. Es sei also nicht immer vom Gelingen einer Anrufung auszugehen, vielmehr seien die Instabilität und Unvorhersehbarkeit der

Wirksamkeit von Anrufungen von Bedeutung. Wie sich also beispielsweise das vergeschlechtlichte Kind im Verlauf seines Lebens zu dieser Anrufung verhält, lässt sich keinesfalls voraussagen und ist durch die Anrufung nicht zu kontrollieren. Drittens sei die Anrufung nicht unbedingt an einen Sprecher oder eine Stimme gebunden, sondern kann auch über institutionalisierte Praktiken erfolgen – so zum Beispiel durch die gesetzliche Pflicht, das Kind standesamtlich zu melden und auf der Geburtsurkunde ein eindeutiges Geschlecht zu vermerken.

Butler greift auf Althussers Polizisten-Beispiel zurück, um sich mit Autorität und Souveränität auseinanderzusetzen. Lässt sich die Wirksamkeit von Sprache tatsächlich damit begründen, dass aus einer Position souveräner Macht eine Anrufung erfolgt, die mit bestimmten, eindeutigen Intentionen verbunden ist und bestimmte, eindeutige Effekte erzeugt? Welche Rolle spielen Konventionen und ritualisierte Formen im Prozess der sprachlichen Subjektkonstitution? Inwiefern weisen diese konventionalisierten Kontextbedingungen über den Moment der Anrufung hinaus? Althussers Konzept ist in Butlers Augen insofern problematisch, als es den Begriff der Anrufung auf das Handeln einer Stimme mit schöpferischer Macht beschränkt, das im Moment seines Vollzugs zugleich einen eindeutigen Effekt erzielt. Diese Konzeption der Stimme gehöre jedoch »zu einem Bild der *souveränen* Macht [...], in dem sich eine als Emanation eines Subjekts vorgestellte Macht in einer Stimme vortut, dessen Effekte als die magischen Effekte dieser Stimme erscheinen« (HS, 57). Von dieser im Bild der souveränen Macht verhafteten Figur der Stimme gelte es das Konzept der Anrufung zu lösen.

In der Sprachtheorie Austins wiederum findet Butler eine Differenzierung des Konzepts der Performativität von Sprache, mit der sie das Problem der Souveränität des Sprechers und der Wirksamkeit des Sprechakts durcharbeiten kann. Austin unterscheidet zwischen *illokutionären* und *perlokutionären* Akten. Illokutionäre Sprechakte zeichnen sich dadurch aus, dass Sprechen und Wirkung unmittelbar zusammenfallen, so ist beispielsweise die sprachliche Formel »Ich befehle« zugleich der Akt des Befehls. Perlokutionäre Akte hingegen bewirken Effekte, die nicht direkt aus dem Sprechen hervorgehen, sondern als deren Folge zeitlich versetzt auftreten und damit von Kontextbedingungen abhängig sind, die jenseits des Augenblicks der sprachlichen Äußerung liegen.

Butler hinterfragt die Trennschärfe dieser Unterscheidung, indem sie darauf verweist, dass auch das Gelingen eines illokutionären Akts von Konventionen und Ritualen abhängt, die den unmittelbaren Sprechkontext überschreiten. So ist der Ausspruch »Ich befehle« als Illokution unmittelbar der Akt des Befehlens – welche Wirkungen dieser Befehl aber hat, in welcher Weise er also tatsächlich befolgt wird, ist von Kontextbedingungen abhängig, die außerhalb des rein Sprachlichen und jenseits des Moments der Äußerung liegen. Austins Unterscheidung ist für Butlers Argumentation aber insofern interessant, als in der Klassifikation des illokutionären Sprechakts die Illusion der Souveränität eingefangen wird: In der letztlich nie wirklich stabilen Unterscheidung von der Perlokution wird diese Souveränität als Illusion deutlich. So kann eigentlich nur bei einer göttlichen Figur davon ausgegangen werden, dass Sprechakt, Handlung und Effekt unmittelbar zusammenfallen – nur ein Gott kann mit dem Befehl »Es werde Licht!« unmittelbar den Effekt der Helligkeit erzeugen. Bei allen profaneren Sprechakten eröffnet sich eine Unbestimmtheit zwischen Illokution und Perlokution, die es möglich macht, dass ein Sprechakt den intendierten Effekt hervorbringt oder eben nicht oder gar andere Effekte hervorbringt. Genau in dieser Lücke zwischen dem Sprechakt und seinen Wirkungen sucht Butler nach der Möglichkeit der Störung, der Veränderung. In dieser Lücke entsteht Handlungsfähigkeit – nicht als Möglichkeit, sich außerhalb oder jenseits von Anrufungen zu positionieren, sondern als Möglichkeit der Weigerung, *sich so, auf diese Weise* anrufen zu lassen.

Sprachhandlungen sind in Butlers Verständnis Praktiken, die in gesellschaftliche Kontexte eingebettet sind und die in ihren Wirkungen gerade deshalb immer prekär, also in gewissem Maße unvorhersehbar und unkontrollierbar sind. Sprache entfaltet ihre performative Wirkung innerhalb von Machtverhältnissen – und wie wir gesehen haben, begreift Butler im Anschluss an Foucault Macht nicht als das Privileg einer souveränen Autorität, sondern als ein Kraftfeld von Wirkungen und Gegenwirkungen. Politische Konsequenzen dieser theoretischen Überlegungen zur Wirksamkeit sprachlicher Anrufungen diskutiert Butler am Beispiel von Debatten, die in den USA über Forderungen nach einer staatlich-juristischen Zensur bestimmter verletzender Äußerungen (*hate speech*) geführt werden. Es geht dabei um die Frage, ob rassistische und sexistische Anrufungen als Akte freier Meinungsäußerung gelten müssen oder ob sie als verletzende Handlungen staatlicher Kontrolle und Zensur unterworfen werden sollten.

Butler stellt die verletzenden Wirkungen rassistischer und sexistischer Äußerungen keinesfalls in Abrede. Es geht ihr jedoch um die Frage, welche Theorien von Sprache, Macht und Verhalten den politischen Strategien zugrunde liegen, die diese verletzenden Wirkungen kontrollieren oder gar abwenden wollen. Sie setzt sich kritisch mit Forderungen nach staatlicher oder juristischer Sanktionierung von *hate speech* auseinander. Solche Strategien unterstellen, dass verletzende Äußerungen als illokutionäre Akte von einem souveränen Subjekt ausgehen und unmittelbare, eindeutige Effekte haben. Wenn nun Forderungen nach Verbot und Zensur an staatliche Instanzen gerichtet werden, dann verkenne dies die fundamentale Instabilität der Bedeutung sowie die Unkontrollierbarkeit der Wirkungen sprachlicher Äußerungen und stärke die disziplinierende Macht des Staates.

Butler geht es nicht darum, die Möglichkeit von Verbot und Strafverfolgung als Schutz vor verletzenden Äußerungen kategorisch abzulehnen. Sie will die implizite Logik sowie die möglichen Effekte von Strategien beleuchten, die sich auf eine staatliche Regulierung berufen und damit die Kontrolle und Bestätigung des Normalen und Akzeptablen dem Staat überlassen. Diese Stärkung der disziplinierenden und normalisierenden Autorität des Staates kann nämlich auf Kosten derjenigen gehen, deren Intelligibilität und Subjektstatus gerade auf ein Anfechten dieser Normalität angewiesen ist. Der Ruf nach staatlicher Regulierung und Zensur kann somit »in vielerlei Hinsicht [...] eine der größten Bedrohungen für das diskursive Vorgehen der lesbischen und schwulen Politik« (HS, 41) darstellen. Butler verdeutlicht diese problematischen Effekte staatlicher Regulierung von Normalität an einem (inzwischen aufgehobenen) US-amerikanischen Gesetz, das es homosexuellen Armeeangehörigen untersagt, über ihre Homosexualität zu sprechen: »Don't ask, don't tell.« Dieses Verbot des Sprechens über die eigene Homosexualität begreift Butler nicht nur als einen beschränkenden Akt der Zensur. Vielmehr habe dieser staatliche Eingriff normalisierende, subjektivierende Effekte: Reguliert werden nicht nur die Möglichkeiten des Sprechens, sondern auch die Normen, die eine Verleugnung der Homosexualität zur Bedingung der Konstituierung als militärisches Subjekt machen. Allerdings habe diese Regulierung, die vordergründig als Sprechverbot erscheint, auch paradoxe Effekte. Unterbunden wird der Begriff der Homosexualität zur Selbstbezeichnung; zugleich wurden jedoch öffentliche Debatten ausgelöst, in denen genau das ausgiebig getan wurde, was eingeschränkt werden sollte – das Sprechen über Homosexualität in der Armee.

Butlers politisches Anliegen besteht darin, Handlungsmöglichkeiten jenseits staatlicher und juristischer Formen auszuloten. Eine wichtige Prämisse ihrer Überlegungen zur Subjektkonstitution ist, dass es »keinen möglichen Schutz vor der Verletzbarkeit und Empfänglichkeit für den Anruf der Anerkennung« (HS, 48) geben kann. Als Subjekte sind wir von der Anrufung abhängig, unsere Handlungsfähigkeit entsteht erst durch unsere sprachliche Konstituierung. Daher befinden wir uns in einer Situation unhintergehbarer Verletzbarkeit durch

Sprache, denn jede Anrufung setzt uns Normen aus, die im Rahmen der symbolischen Ordnung autorisiert sind. Aber jeder Versuch, diese Verletzbarkeit aus einer Position der Souveränität heraus durch die Regulierung von Bedeutungen und Festlegung von akzeptablen Äußerungen zu kontrollieren, ist nicht nur zum Scheitern verurteilt, sondern droht zudem gerade das produktive und unvorhersehbare Moment des Sprachlichen, das Handlungsfähigkeit überhaupt entstehen lässt, zu zerstören.

Unterwerfung als Bedingung des Überlebens

Die Rekonstruktion von Butlers Überlegungen zum Zusammenhang von sprachlicher Äußerung und subjektkonstituierender Wirkung ermöglicht es, den Zusammenhang von Performativität und Iterabilität zu konkretisieren. Die zunächst rein sprachliche Dynamik wird in ein weiteres Verständnis gesellschaftlicher Verhältnisse und Praktiken einbettet: Die Handlungsfähigkeit des Subjekts entsteht also im und durch den gesellschaftlichen Kontext, der den Moment jeder sprachlichen Handlung überschreitet und dadurch einen unvorhersehbaren Überschuss an Bedeutung und Effekten ermöglicht. Dennoch bleiben die Begriffe von Subjekt und Handlungsfähigkeit weiterhin recht abstrakt und formal. Klargestellt wurde, dass es kein Subjekt gibt, das der Anrufung vorausgeht. Es gibt seitens des Subjekts auch keine Prädispositionen, sich in bestimmten Anrufungen zu erkennen. Die Anrufung als Mädchen funktioniert nicht, weil das angesprochene Kind ein Mädchen *ist*, vielmehr erhält das Kind erst durch diese Anrede als Mädchen ein Dasein als Subjekt. Dennoch wird durch die Anrede »ein Subjekt in die Sprache [eingeführt], das nun seinerseits die Sprache [gebrauchen kann], um der verletzenden Benennung entgegenzutreten« (HS, 10). Wer ist aber nun dieses Subjekt, warum lässt es sich ansprechen, und mit welcher Kraft kann es zu den Benennungen,

49

aus denen es überhaupt erst hervorgeht, eine kritische Distanz einnehmen oder ihnen gar entgegentreten? Bislang wurde verhandelt, dass das Subjekt sich der Macht der Normen unterwerfen muss, um überhaupt ein Subjekt zu sein. Im nächsten Schritt gilt es zu klären, inwiefern Butler Macht in diesem Prozess der Subjektwerdung auch als eine *psychische Form* versteht, die zu einer inneren Potenz des Subjekts wird.

Um dieser Frage nachzugehen, soll zunächst die Problematik der Verletzbarkeit näher betrachtet werden. Diese Verletzbarkeit beruht auf der über gesellschaftliche Machtverhältnisse vermittelten Intelligibilität, wobei das Subjekt immer in existenzieller Weise von äußeren Bedingungen abhängig ist. Die Frage, wie sich das Subjekt widerständig zu den Bedingungen seiner Existenz verhalten kann, führt also zu der gewissermaßen gegenteiligen Frage zurück, warum das Subjekt diesen Bedingungen so verhaftet ist: Warum hängt »ein Subjekt mit Leidenschaft an seiner Unterordnung« (PdM, 11)? Das Subjekt ist in seinem Dasein auf Bedingungen angewiesen, die außerhalb seiner selbst liegen und die es sich nicht aussuchen kann. Es ist diesen Bedingungen aber nicht einfach nur unterworfen, es steht nicht in einem äußerlichen Verhältnis zu diesen Verhältnissen, sondern es ist ihnen *leidenschaftlich verhaftet*. Es will sich ansprechen lassen, auch wenn diese Ansprache verletzend oder erniedrigend ist. Diese affektive Bindung des Subjekts an seine Existenzbedingungen begreift Butler als psychischen Effekt der Macht. Die Leidenschaftlichkeit dieser Bindung begründet sie im Rückgriff auf Spinoza mit dem Begehren, im eigenen Sein zu beharren: »Übernimmt man Spinozas Auffassung, wonach jedes Streben ein Streben nach dem Beharren im eigenen Sein ist, und faßt man die *metaphysische* Substanz, die das Ideal des Strebens bildet, etwas geschmeidiger als soziales Sein, dann kann man vielleicht das Streben nach dem Beharren im eigenen Sein als etwas beschreiben, über das sich nur unter den riskanten Bedingungen des gesellschaftlichen Lebens verhandeln läßt.«

(PdM, 31) Das Beharren im eigenen Sein kann nur »über das Begehren, *anerkannt zu werden*« (PdM, 58), erfüllt werden. Nur sofern das Subjekt über Normen der Intelligibilität angerufen wird und durch diese Ansprache für sich und andere (an-)erkennbar wird, *ist* es ein Subjekt. Das eigene Sein ist mithin existenziell und leidenschaftlich an die Normen der Intelligibilität – oder die riskanten Bedingungen des gesellschaftlichen Lebens – geknüpft. Das Begehren, im eigenen Sein zu beharren, platziert das Subjekt immer schon außerhalb seiner selbst, in den Bereich sozialer Normen. (MdG, 59)

Von der leidenschaftlichen Verhaftung des Subjekts an die sozialen Bedingungen seiner Existenz ausgehend, lässt sich ein komplexes Konstitutionsverhältnis von Innen und Außen, von Psyche und Macht erfassen. Die Praxis des performativen Rezitierens der Normen erscheint dadurch nicht als ein mechanischer Akt, der dem Subjekt äußerlich ist. Vielmehr ist das Subjekt affektiv in diese Prozesse involviert – die Normen müssen gewissermaßen durch die psychische Dynamik des Subjekts hindurchgehen.

Paradigmatisch für die Leidenschaftlichkeit, mit der das Subjekt den Bedingungen des gesellschaftlichen Lebens verhaftet ist, ist für Butler die ursprüngliche Abhängigkeit des Kindes, das physisch und psychisch existenziell darauf angewiesen ist, seine Bezugspersonen zu lieben. (Vgl. PdM, 11 ff.) Das Kind muss sich binden und unterordnen, um überhaupt als Subjekt leben zu können, um ein eigenes Sein zu haben, in dem es beharren kann. Aus dieser ursprünglichen Abhängigkeit erklärt sich für Butler eine psychische Dynamik, in der der Wille zu überleben mit einem Willen zur Unterwerfung untrennbar verknüpft ist. Zugleich verlangt aber der Prozess der Subjektwerdung, dass das Kind sich aus seinen symbiotischen Primärbeziehungen löst und seine konstitutive Abhängigkeit von anderen verleugnet: »Ohne diese in Abhängigkeit ausgebildete Bindung kann kein Subjekt entstehen, aber ebenso wenig kann irgendein Subjekt sich leisten, dies im

Verlauf seiner Formierung vollständig zu ›sehen‹.« (PdM, 13)
Die Subjektwerdung erfordert also eine Verleugnung der konstitutiven Abhängigkeit und im Prozess dieser notwendigen Verleugnung erlebt das Subjekt das Streben nach Autonomie als sein *eigenes* Begehren. Damit wird in einer Bewegung der Wendung das, was dem Subjekt von außen zur Bedingung gemacht wird (in diesem Fall: Autonomie), zu seinem inneren Gesetz: Das Subjekt erlebt sein gesellschaftlich konstituiertes Begehren als *sein* Begehren.

Butler erfasst damit ein Problem, das Althusser in seinem Konzept der Anrufung stillschweigend übergeht, indem er die Frage, warum sich das Subjekt auf die Anrede hin umwendet, gar nicht anschneidet. Wer ist es eigentlich, der sich umwendet, wenn das handelnde Subjekt erst in der Wendung entsteht? Die Beantwortung dieser Frage wirft allerdings ein logisches Paradox auf:»In dem Moment, da wir zu bestimmen suchen, wie die Macht ihr Subjekt hervorbringt, wie das Subjekt die Macht in sich aufnimmt, der es seine Entstehung verdankt, scheinen wir in dieses tropologische Dilemma zu geraten: Wir können kein Subjekt annehmen, das eine Verinnerlichung vollzieht, wo allererst die Subjektbildung zu erklären ist.« (PdM, 9) Eine Trennung von Innen (Subjektivität) und Außen (Macht/Normen) kann nicht vorausgesetzt werden; die Wendung besteht nicht darin, dass ein Subjekt äußerliche Normen verinnerlicht. Vielmehr entsteht das Verhältnis von Innen und Außen, von Psyche und Macht erst in der immer wieder zu vollziehenden Bewegung dieser Wendung, in der die Innerlichkeit des Subjekts als Effekt äußerer Bedingungen entsteht. Die psychischen Dynamiken, die auf die Normen »reagieren«, werden in ihrer konkreten Konfiguration erst in dieser »Reaktion« hervorgebracht, zugleich ist diese »Reaktion« immer schon durch die psychische Dynamik konfiguriert. Obgleich es kein Subjekt gibt, das der Wendung vorausgeht, treffen die Normen in dieser Bewegung offenbar auf »etwas«, was deren Wirkung immer in gewisser Weise unvorhersehbar und individuell macht.

Die Figur der Wendung bezeichnet also einen paradoxen Prozess, in dem die Psyche durch äußere Normen in ihrer bestimmten Form hervorgebracht und zugleich die Wirkung dieser Normen durch die Psyche konfiguriert wird. Dies ist darin begründet, dass die Wendung immer eine Überschussbewegung ist, in der die unterwerfenden Formen im und durch das Subjekt unvorhersehbare Effekte hervorbringen können. Dieser Überschuss verweist auf das bereits erwähnte logische Dilemma: Obgleich es kein Subjekt vor dem Einwirken der Normen gibt, muss es »etwas« geben, was im Einwirken dieser Normen wirksam werden kann, ohne aber als solches benannt werden zu können. Butlers Zugriff auf dieses ontologische Problem erfolgt über eine begriffliche Unterscheidung von Subjekt und Individuum. Hier zeigt sich erneut, dass die sprachliche Form nicht die Gesamtheit aller Lebensmöglichkeiten erfassen kann: »Das Subjekt [ist] nicht mit dem Individuum gleichzusetzen, sondern vielmehr als sprachliche Kategorie aufzufassen [...], als Platzhalter, als in Formierung begriffene Struktur. Individuen besetzen die Stelle, den Ort des Subjekts [...], und verständlich werden sie nur, soweit sie gleichsam zunächst in Sprache eingeführt werden.« (PdM, 15)

Wichtig ist allerdings, dass Butler mit dieser Unterscheidung von Subjekt und Individuum nicht zwei wirkliche, substanzielle Einheiten voneinander trennt. Vielmehr ist es eine analytische Unterscheidung, mit der sie erfasst, dass die gesellschaftliche Form des Subjekts von dem Individuum als lebendigem Wesen begrifflich zu unterscheiden ist. Das Subjekt ist die gesellschaftliche, sprachlich konfigurierte Form, durch die das lebendige Wesen in spezifischer Weise lebensfähig oder intelligibel wird. Halten wir uns nun vor Augen, dass diese bestimmte sprachliche Konfiguration der Lebensfähigkeit mit dem Benennen des Möglichen zugleich das Unmögliche ausschließt, dann ist es plausibel, dass die Form des Subjekts immer einen Überschuss über das Benennbare impliziert. Das Individuum als lebendiges Wesen, das über die Form des Subjekts hinausweist, ist aber keine Substanz, die sich begrifflich erfassen lässt. Vielmehr ist jeder Versuch, diesem Wesen eine benennbare ontologische Existenz zu verleihen, bereits die performative Beschränkung auf eine spezifische soziale Form. Jede konkrete Aussage über den Menschen und seine Bedürfnisse und Eigenschaften ist eine solche Formierung. Der Begriff des Individuums verweist in diesem Sinne also auf einen *unbenennbaren* Überschuss jenseits der gesellschaftlichen Form des Subjekts. In dieser Differenz von benennbarer Form und unbenennbarem Überschuss lässt sich mit Butler ein dynamisches Moment verorten – ein psychischer Effekt, der wiederum auf die Normen zurückwirken kann.

Hilfreich ist hier eine weitere Unterscheidung Butlers, nämlich die Unterscheidung von Seele und Psyche. Im Anschluss an Foucault verweist der Begriff der Seele auf die Normen, die für das Individuum die gesellschaftlich kohärente und lebbare Identität als Subjekt darstellen. Die Seele ist nicht etwas, was dem Individuum innewohnt, sie wird erst »aus Prozeduren der Bestrafung, der Überwachung, der Züchtigung, des Zwanges geboren« (Foucault 1977, 41 f.). Mit diesem Begriff der Seele lässt sich erfassen, dass noch die »Innerlichkeit« des Subjekts durch Normen konstituiert ist. Butler kritisiert allerdings, dass damit nur der Aspekt der Unterwerfung erfasst werden kann. Da Foucault die Frage nach der »psychischen Form der Macht« (PdM, 8) nicht diskutiere, könne er die doppelte Bestimmung des Subjekts – Unterwerfung *und* Handlungsfähigkeit – nicht wirklich ausloten. Butler hingegen hält genau diese doppelte oder paradoxe Figur für notwendig, um erklären zu können, wie auch Widerständigkeit gegenüber der normalisierenden Form der Seele möglich ist. Daher liest sie Foucaults Machtanalyse und Freuds Theorie des Unbewussten gegeneinander, um »die vorläufigen Perspektiven zu erkunden, aus der jede Theorie die andere erhellen kann« (PdM, 8).[5]

Mit dem Begriff der Psyche erfasst Butler Möglichkeiten des Individuums, die durch die Form der Seele ausgeschlossen und verworfen werden, die aber zugleich noch in ihrer Verwerfung über diese Form hinausweisen: »Die Psyche, die das Unbewußte einschließt, ist somit vom Subjekt ganz verschieden; sie ist genau das, was über die einkerkernden Wirkungen der diskursiven Forderungen einer kohärenten Identität, über die diskursive Forderung, ein kohärentes Subjekt zu werden, hinausreicht.« (PdM, 83) Das Unbewusste ist hier nicht als eine topografische Figur oder als eine Art Behälter zu verstehen, sondern als eine Domäne des Inakzeptablen: Es ist das konstitutive Außen der sozialen Form der Seele – ähnlich wie im Anschluss an Irigaray das Weibliche als konstitutives Außen des Männlichen erscheint. Es ist »der Ort subversiver Mannigfaltigkeit« (UdG, 41), der durch die Normen der diskursiven Ordnung hervorgebracht und zugleich zum Schweigen gebracht wird. Das zum Schweigen Gebrachte wird als konstitutives Außen unkontrollierbar. Es kann zwar als »solches« nicht benannt werden – jeder Versuch, es zu benennen, ist bereits eine Einhegung in die Begriffe der gegebenen Ordnung. Mit Butler lässt sich aber argumentieren, dass dieses Außen immer schon im Inneren des Benennbaren ist und es stören, durchqueren und unvorhersehbare Effekte erzeugen kann. So kann etwa ein Mensch, der in einer streng heteronormativen Umgebung aufwächst, ein Begehren empfinden, das nicht in den engen Rahmen der Gegengeschlechtlichkeit passt, und diesen Rahmen als Beschränkung erfahren. Diese Beschränkung ist aber als solche nicht intelligibel: Das Begehren, das sich am Rahmen der Heteronormativität stößt, ist zunächst ein unbenennbares Verlangen nach anderen Möglichkeiten als jenen, die durch die bestehenden Normen gegeben sind. Intelligibel werden kann dieses Verlangen nach anderen Möglichkeiten wiederum nur in den Begriffen der heterosexuellen Matrix, die besagt, dass Begehren im Rahmen einer binären Ordnung vergeschlechtlicht ist: Es kann als homosexuelles oder bisexuelles Begehren erfahrbar werden. Das, was über die Norm der Heterosexualität hinausweist, kann sich nur in Bezug auf diese Norm ausdrücken – als ein sexuelles Begehren in einer binären Geschlechterordnung.

Die Unterscheidung von Seele und Psyche verweist also auf eine Differenz zwischen den beschränkten Möglichkeiten, die im Rahmen einer spezifischen symbolischen Ordnung intelligibel sind, und der subversiven, aber unbenennbaren Vielfalt des Lebens. Für das Subjekt bedeutet die Einverleibung der gegebenen Normen als eigene Affekte immer zugleich eine Verwerfung von affektiven Objektbeziehungen: Indem das Begehren durch die Normen in sozial sanktionierten Formen hervorgebracht wird, wird die subversive Mannigfaltigkeit des Begehrens zum Schweigen gebracht. Die Konstitution des Subjekts durch die Normen der symbolischen Ordnung geschieht immer um den Preis eines nicht assimilierbaren Rests verworfener – für das Subjekt verlorener – Möglichkeiten. Um nun zu erfassen, wie dieser verworfene Rest als psychische Dynamik wirksam werden kann, wendet sich Butler Freuds Konzept der Melancholie zu. Mit diesem Begriff erfasst Freud die psychischen Folgen des Verlusts einer Objektbeziehung. Das Entscheidende dabei ist, dass dieser Verlust nicht betrauert werden kann, denn er ist dem Subjekt überhaupt nicht als Verlust bewusst, weil die verlorene oder verworfene Objektbeziehung im Rahmen der symbolischen Ordnung gar nicht denkbar ist. Da das Subjekt deshalb nicht um den Verlust trauern kann, kann es ihn auch nicht bewältigen und sein Begehren von dem verworfenen Objekt lösen, um es auf andere Objekte zu richten. Vielmehr verleibt es sich diesen Verlust melancholisch ein, das verlorene Objekt geht in das Ichideal ein und wird zu einem Bestandteil der Identität des Subjekts.

Die Identität des Subjekts wird also durch melancholische Aneignung nicht (an-)erkennbarer Verluste stabilisiert. Dieser Zusammenhang lässt sich wiederum anhand der Geschlechtsidentität illustrieren. Im vorigen Kapitel habe ich darauf verwiesen, dass Butler die Annahme der Universalität der ödipalen Konstellation und des Inzesttabus kritisiert. An dieser Stelle soll nun die These, dass Männlichkeit und Weiblichkeit durch universelle Regeln der symbolischen Ordnung als kulturell intelligible Identitäten erzeugt werden, mit der konstitutiven Bedeutung verknüpft werden, die Butler der heterosexuellen Matrix zumisst. Die Annahme, dass Geschlechtsidentität und das damit verbundene gegengeschlechtliche, nichtinzestuöse Begehren in der ödipalen Konstellation hervorgebracht werden, müsse von der Voraussetzung einer universellen Heterosexualität ausgehen. Butler argumentiert, dass die Geschlechtszugehörigkeit, die in der ödipalen Konstellation als unhinterfragte Grundlage der Regulierung des heterosexuellen Begehrens erscheint, auf dem ihr vorgängigen Verbot homosexueller Verhaftungen beruht: »[D]as Mädchen wird Mädchen, indem sie einem Verbot unterworfen wird, das ihr die Mutter als Objekt des Begehrens versperrt und dieses gesperrte oder barrierte Objekt in einer melancholischen Identifizierung zu einem Teil des Ich macht.« (PdM, 129) Da die Norm der Heterosexualität den Bezug auf ein gleichgeschlechtliches Liebesobjekt nicht nur verbietet, sondern ihn als unmöglich oder undenkbar verwirft, kann das Subjekt den Verlust des gleichgeschlechtlichen Liebesobjekts nicht betrauern und verleibt sich stattdessen das verworfene Objekt als Ideal ein: »Der heterosexuelle Mann *wird* zu dem Mann (ahmt dessen Status nach, zitiert ihn, eignet sich ihn an, nimmt ihn an), den er ›niemals‹ liebte und um den er ›niemals‹ trauerte, die heterosexuelle Frau wird zu der Frau, die sie ›niemals‹ liebte und um die sie ›niemals‹ trauerte.« (KvG, 324)

Das melancholische Subjekt kann sich seiner Geschlechtsidentität also gewiss sein, sofern – und um den Preis dass – es den Verlust möglicher anderer (nicht heteronormativer) Liebesobjekte nicht als Verlust wahrnimmt.[6] Diese Gewissheit ist aber mit psychischen Kosten verbunden, denn in einer normativen Ordnung, in der Heterosexualität die Voraussetzung der Geschlechtsidentität ist, wird jedes homosexuelle

Begehren zu einer Bedrohung. Es stellt nicht nur die Identität als »richtige« Frau beziehungsweise »richtiger« Mann infrage, sondern ist mit der Angst verbunden, »eine irgendwie monströse, verwerfliche Figur zu sein« (PdM, 128).

In der Melancholie werden die von den Normen verlangten Formen des Begehrens sowie die mit ihnen verbundenen Verluste zu einer Struktur der Innerlichkeit des Subjekts. Die Spuren des sozialen Zwangs verschwinden dabei, und die performative Hervorbringung des Geschlechts erscheint als Ausdruck einer psychischen Notwendigkeit, eines *eigenen* Begehrens. Das Unbehagen, welches das Subjekt infolge dieser Zwänge und Verluste empfinden mag, wendet es in den Selbstvorwürfen des Gewissens gegen sich selbst. Dadurch verstrickt sich das melancholische Subjekt immer weiter in die Undurchsichtigkeit und unbegriffene Abhängigkeit der eigenen Existenz: »In der Melancholie geht dem Bewußtsein nicht nur der Verlust eines anderen oder eines Ideals verloren, verloren geht auch die soziale Welt, in der ein solcher Verlust möglich wurde.« (PdM, 169)[7]

Die Möglichkeit einer kritischen Distanz

Mit dem Gedanken, dass Identität durch die melancholische Einverleibung verlorener Möglichkeiten gebildet wird, kann Butler das Konzept der Performativität um eine psychische Dimension erweitern. Wenn die Identität eines Kindes als Mädchen nicht auf einen inneren Geschlechtskern zurückzuführen ist, sondern im performativen Bezug auf Geschlechternormen hervorgebracht wird, kann nun hinzugefügt werden, dass diese Identität im »Spiel *zwischen* Psyche und Erscheinung« hervorgebracht wird. (KvG, 321) Die kontingenten sozialen Normen stabilisieren sich und erscheinen als psychische Notwendigkeit, indem der äußere Zwang im Moment der Wendung zu einem inneren Willen wird. Dennoch ist die gesellschaftliche Macht »nicht immer so wirksam, wie sie es sein will« (PdM, 171). Verworfene Lüste, Affekte, Begehren können »durch die Zensur schlüpfen [...] und gleichsam das Unmögliche im Möglichen darstellen« (PdM, 138). Das Subjekt ist auf die bereitgestellten Kategorien der Anerkennung angewiesen, sein Begehren kann sich nur in Bezug auf die von den Normen sanktionierten Objekte formieren. Zugleich kann es aber die damit verbundenen Verwerfungen als Beschränkungen spüren, auch wenn es für diese Beschränkung keine Namen hat. Da die sozial möglichen Begehrensformen immer zugleich anderes unmöglich machen – und damit einen Überschuss hervorbringen –, kann das Moment des Widerstands, der Opposition dann entstehen, »wenn wir uns an unsere Beschränkung verhaftet finden, wenn wir uns gerade in unserem Verhaftetsein beschränkt finden« (NKM, 64).

Das melancholische Subjekt richtet seine Klagen über dieses Unbehagen an der Beschränkung als Urteil über die eigene Unzulänglichkeit, als Unfähigkeit, dem Ideal zu entsprechen, gegen sich selbst, etwa in der Unsicherheit: Bin ich vielleicht kein richtiger Mann / keine richtige Frau? Butler argumentiert jedoch, dass noch »in dieser falschen Adressierung [...] ein entstehender politischer Text« liegt. (PdM, 171) Da die Beschränkung, die das Subjekt empfinden mag, nicht intelligibel ist, kann sie nicht unmittelbar in ein Verlangen nach einer bestimmten Möglichkeit münden. Sie kann aber in einer affektiven Dynamik des Zorns zu einem Verlangen nach anderen Möglichkeiten werden. Dieser Zorn kann zur Bedingung für eine Lösung von der melancholischen Bindung werden.

Der Zorn über die Beschränkungen eröffnet die Möglichkeit einer kritischen Distanz zu den Normen und damit die Möglichkeit einer reflexiven Haltung zu diesen Normen. Die Bestimmung des widerständigen Potenzials dieser strukturell konstituierten psychischen Dynamik bedeutet jedoch noch keine Aussage über die Form, in der sie sich als Handlungsfähigkeit äußert. Für Butler besteht die Voraussetzung für eine solche produktive Umsetzung des Zorns darin, die unhintergehbare Abhängigkeit der sozialen Konstitution des

Selbst anzuerkennen und das kritische Potenzial des Zorns über ein »Eingeständnis der Verlustspur, aus der man selbst hervorgegangen ist« (PdM, 182), zu verwirklichen. Widerständigkeit gegenüber den von Normen verursachten Verlusten und Einschränkungen ist damit eine intersubjektive Praxis, die gerade nicht auf dem Gewissen eines souveränen Subjekts beruht. Wenn sich Subjekte nie von ihren konstitutiven Verhaftungen befreien können, ohne damit zugleich ihre Subjektivität zu verlieren, dann kann kritisches Handeln nicht auf eine Befreiung von Normen zielen. Widerständigkeit gegenüber Normen, die das Leben beschränken, kann nur in einer kollektiven Arbeit an den Normen bestehen, mit dem Ziel, eine Erweiterung der Lebensoptionen zu erwirken. Widerständigkeit realisiert sich deshalb als »Unterwerfung unter eine Gesellschaftlichkeit und unter ein Sprachleben, das solche Akte erst möglich macht, ein sprachliches Leben, das über die Bindungen und Grenzen des Ich und seiner ›Autonomie‹ hinausreicht« (PdM, 183). Es geht also nicht darum, dass sich ein autonomes, souveränes Subjekt von Fremdbestimmung frei macht, es geht nicht darum, sich von Macht zu befreien – es geht vielmehr darum, sich von der Melancholie zu befreien, die das Subjekt durch die Verleugnung seiner Verluste zugleich auch der Fantasie beraubt, es könne andere, alternative Formen des Begehrens geben. Der politische Impuls, der aus der Melancholie hervorgehen und aus dieser herausführen kann, besteht in einem Prozess des Trauerns, der die Begrenzungen des Lebens artikulierbar macht, indem er deren »verblaßte[n] gesellschaftliche[n] Text« (PdM, 182) aufspürt. Gerade weil das Subjekt den Normen für das eigene Überleben als Subjekt leidenschaftlich verhaftet ist, kann es aufgrund der mit ihnen verbundenen Beschränkungen eine Distanz zu ihnen einnehmen. Die Handlungsfähigkeit, die aus dieser Distanz hervorgehen kann, hängt allerdings »von der ausnahmslos kollektiven Fähigkeit ab, eine alternative Minderheitenversion für die Aufrechterhaltung von Normen oder Idealen zu artikulieren« (MdG, 12). Mit welchen Paradoxien eine solche kollektive Handlungsfähigkeit konfrontiert ist und inwiefern sie sich gerade nicht auf eine Seinsgewissheit berufen, sondern vielmehr diese Gewissheit beständig zum Gegenstand der Befragung machen sollte, wird im folgenden Kapitel diskutiert.

4. Politik und Ethik

Butlers Problematisierung der humanistischen Subjektkonzeption ist – so viel wurde bisher deutlich – mit der Frage verknüpft, wie Handeln ohne Rekurs auf ein souveränes Subjekt denkbar ist. In diesem Kapitel sollen nun die Herausforderungen diskutiert werden, die sich aus dem butlerschen Subjekt- und Handlungsverständnis ergeben.

Zunächst wird im Kontext der feministischen Debatte dargestellt, inwiefern sich Kritik und politische Forderungen in Butlers Augen nicht auf souveräne Subjekte berufen sollten, denen spezifische Identitäten und Bedürfnisse zugeschrieben werden. Der Bezug auf »Frauen« als Subjekte des Feminismus impliziert immer bestimmte Normen, die diese Identität konstituieren, indem sie andere Seinsmöglichkeiten verwerfen. Dies bedeutet nicht, dass feministische Kritik und Politik auf die Kategorie »Frau« verzichten kann oder muss, aber es ändert sich der Bezug auf diese Kategorie: Statt eine stabile Grundlage darzustellen, führt sie zu Auseinandersetzungen und Verhandlungen über das, was möglich ist und möglich sein könnte. Kritik muss sich, so soll im darauffolgenden Abschnitt deutlich werden, immer auf Normen beziehen, sie ist insofern immer in das verstrickt, was sie kritisiert. Kritik und Politik zielen darauf, die Normen zu verändern, um ihre Grenzziehungen weniger gewaltsam werden zu lassen und mehr Lebensweisen möglich zu machen.

Dieser Reflexionsprozess stellt allerdings die bestehende Ordnung selbst zur Disposition. Warum eine solche grundsätzliche ontologische Verunsicherung der gegebenen Ordnung wichtig ist, soll im Hinblick auf die Geschlechterordnung und im Anschluss daran auch auf den Begriff des Menschlichen analysiert werden. Die gegebene Ordnung ist unumgänglich prekär, da sie – wie aufgezeigt – immer von ihrem konstitutiven Außen durchquert wird. Das Festhalten an einer Ordnung als gegeben und unumstößlich lässt sich nur um den Preis einer gewaltsamen Ausgrenzung von Lebensweisen, die diese Ordnung infrage stellen, realisieren. Diese Gewalt erscheint jedoch unter Umständen überhaupt nicht als solche, sei es, weil sie als legitime, gar fürsorgliche Regulierung von Abweichungen auftritt, sei es, weil die betroffenen Leben gar nicht als schützenswerte Leben gesehen werden. In der gewaltsamen Aufrechterhaltung einer prekären Ordnung spielt die diskursive Hervorbringung verworfenen (also nicht anerkennbaren, nicht schützenswerten) Lebens eine wichtige Rolle. Um die Gewalt zu durchbrechen und die Gestaltung weniger gewaltsamer Ordnungen zu ermöglichen, schlägt Butler als ethische Perspektive die Anerkennung unserer fundamentalen gegenseitigen Ausgesetztheit und Abhängigkeit vor. Dadurch könne eine Form der Kollektivität entstehen, die nicht auf der Selbstgewissheit der Subjekte beruht, sondern darauf, dass sich an den Grenzen der Erkennbarkeit und Gewissheit die Möglichkeit für Anderes, Unerwartetes eröffnet.

Kritik der Identitätspolitik

Ein wichtiger Hintergrund von Butlers Kritik an humanistischen Konzeptionen, die dem Subjekt eine transzendentale Substanz und überhistorische Wahrheit zuschreiben, sind die feministischen Debatten der 1970er- und 1980er-Jahre über die Frage, ob und inwiefern es Gemeinsamkeiten von Frauen gibt, die als normative Grundlage politischer Forderungen und emanzipatorischer Projekte dienen können. Butler greift kritische Stimmen auf, wonach jeder Bezug auf eine vermeintliche Identität als Frau bestimmte, historisch kontingente Aspekte menschlicher Existenz als universelle Wahrheit setzt und im selben Prozess andere Möglichkeiten ausschließt. Viele feministische Konzepte haben implizit die so-

ziale Position einer weißen, heterosexuellen Frau der Mittel-
schicht zur normativen Grundlage; das vermeintlich universelle Subjekt Frau erscheint bei genauerer Betrachtung als
partikulare Figur.[8]

Butler nimmt diese Problematik zum Anlass, über die grundsätzliche Frage nachzudenken, was es überhaupt bedeutet,
ein Subjekt vorauszusetzen. Sie entwirft eine theoretische
Perspektive, aus der eine kohärente und kontinuierliche Identität (als Frau) nicht auf individuelle Attribute (Weiblichkeit)
zurückzuführen ist. Vielmehr stellt die Identität eine über gesellschaftliche Machtverhältnisse vermittelte Bedingung dar,
unter der ein Individuum zum Subjekt werden kann: »Das
Subjekt weist nicht erst eine intakte ontologische Reflexivität
auf und ist dann in einem zweiten Schritt in einem kulturellen
Kontext situiert. Vielmehr ist dieser kulturelle Kontext sozu-
sagen immer schon da als der disartikulierte Prozeß der Konstruktion des Subjekts.« (KG, 44) Hier spricht Butler die besondere Problematik der Figur des Subjekts an, das seine
Identität und Souveränität über die Verleugnung – oder Disartikulation – seiner sozialen Konstitutionsbedingungen erlangt. In der Figur des Subjekts, das einem Handlungskontext
äußerlich gegenüberzustehen scheint, verschwindet somit
seine fundamentale Bedingtheit.

Aus dieser Disartikulation ergeben sich wiederum bestimmte
politische und ethische Effekte: Wie die Darstellung der melancholischen Einverleibung verlorener Objekte gezeigt hat,
besteht ein Problem darin, dass das Subjekt die gesellschaftliche Form einer Identität annehmen muss, die es jedoch als
eigene Identität erfährt und daher nicht *als gesellschaftlich
konstituiert* begreifen kann. Da die Form der Identität als Ausdruck der Innerlichkeit erlebt wird, kann sie nicht als sozialer
Machteffekt erkennbar werden, ein Machteffekt, der bestimmte, partikulare Lebensformen als Wahrheit menschlicher Subjektivität verallgemeinert. Setzen feministische Debatten ein Subjekt (Frau) voraus, so wiederholen sie diesen
Prozess der Disartikulation von Machtverhältnissen, indem

stillschweigend normative Voraussetzungen, Probleme und Privilegien spezifischer sozialer Positionen (insbesondere weißer Mittelschichtfrauen) verallgemeinert werden, mit dem Effekt, dass marginalisierte Lebensformen, beispielsweise von schwarzen Frauen oder von Lesben, als abweichend oder weniger wirklich erscheinen und nicht zur Grundlage politischer Forderungen gemacht werden. Wenn etwa in feministischen Debatten um reproduktive Rechte die zentrale Forderung darin gesehen wird, sich für eine Abtreibung entscheiden zu können, setzt dies die Situation vornehmlich weißer Mittelschichtfrauen voraus, deren Kinder gesellschaftlich erwünscht sind und deren Gebärfähigkeit insofern gewissermaßen ein Objekt staatlicher Begierde ist. Für diese Frauen erscheint die Durchsetzung der Entscheidungsmöglichkeit *gegen* eine Schwangerschaft als drängende Forderung. Wird dies jedoch als Problemlage aller Frauen verallgemeinert, dann gerät nicht in den Blick, dass sich die Frage der Selbstbestimmung für Frauen aus Bevölkerungsgruppen, deren Kinder nicht als erwünscht gelten, ganz anders stellen kann. Diese Frauen sind unter Umständen staatlichen (Zwangs-) Maßnahmen zur Einschränkung ihrer Gebärfähigkeit ausgesetzt.[9]

Butler nimmt dem Feminismus die Illusion eines metaphysischen Fundaments, von dem aus Kritik an Geschlechterhierarchien und am Ausschluss von Frauen geübt werden könnte. Sie spricht ihm keineswegs seine historische Bedeutung als kritische Instanz ab. Allerdings verschiebt sich der Einsatz feministischer Kritik, wenn sie sich nun nicht auf bestimmte Subjekte und deren Bedürfnisse berufen kann, sondern stattdessen den Blick auf die Kosten und Beschränkungen spezifischer Subjektivitätsformen richtet: »Geschlechterdifferenz ist keine Gegebenheit, keine Prämisse, keine Basis, auf der sich Feminismus errichten ließe; [...] nein, sie ist eine Frage, die feministische Untersuchungen auslöst.« (MdG, 287) Wenn es keine Identität als Frau *gibt*, kann diese auch nicht die Grundlage einer solidarischen Einheit sein; weitere Differenzierungen zur genaueren Bestimmung ändern daran nichts: »Es wäre falsch, von vornherein anzunehmen, daß es eine Kategorie ›Frau(en)‹ gibt, die einfach mit verschiedenen Bestandteilen wie Bestimmungen der Rasse, Klasse, Alter, Ethnie und Sexualität gefüllt werden muß, um vervollständigt zu werden.« (UdG, 35) Feministische Kritik kann sich also nicht in einem über die Geschlechterdifferenz konstituierten »Wir« begründen, sondern muss beständig die Bedingungen und Effekte dieser Differenz befragen.[10]

Eine Kritik der gegebenen Verhältnisse kann damit auch nicht von substanziellen normativen Grundlagen ausgehen, die den Strukturen entgegengehalten werden, vielmehr zielt eine solche Kritik darauf, gerade diese substanziellen Grundlagen zu verunsichern: Statt eine den Hierarchien und Machtverhältnissen äußerliche Handlungsfähigkeit des Subjekts vorauszusetzen und zum Hoffnungsträger zu machen, wird gerade dieses Subjekt in seiner spezifischen Handlungsfähigkeit zum Problem. Wenn nämlich derselbe diskursive Prozess, der bestimmte handlungsfähige Subjekte hervorbringt, zugleich andere Möglichkeiten der Subjektwerdung ausschließt, dann erscheint Handlungsfähigkeit als ein strukturell konstituiertes Privileg, das es kritisch zu hinterfragen gilt: »Meiner Ansicht nach gehört der Begriff der Handlungsfähigkeit zu einer Auffassung von Personen als instrumentell Handelnden, die einem äußerlichen gesellschaftlichen Feld gegenübertreten. Doch auf der Ebene, auf der das Subjekt und seine Handlungsfähigkeit formuliert und ermöglicht werden, existieren Politik und Macht immer schon. Man sollte nicht vergessen, daß die ›Handlungsfähigkeit‹ keine formale Existenz hat [...]. In gewissem Sinne weigert sich das epistemologische Modell, das uns ein vorgegebenes Subjekt oder einen Handlungsträger anbietet, anzuerkennen, daß die Handlungsfähigkeit *immer und ausschließlich ein politisches Vorrecht* ist.« (KG, 45)

Der Doppelcharakter der Normen

Handlungsfähigkeit ist insofern ein Privileg, als der in die Macht-Wissen-Ordnung eingebettete diskursive Prozess bestimmte Subjekte hervorbringt und dabei zugleich andere Möglichkeiten der Subjekthaftigkeit marginalisiert oder gar ausschließt. Normen haben, so Butler, einen Doppelcharakter: Sie ermöglichen das Handeln und zugleich beschränken oder konfigurieren sie Handlungsfähigkeit in bestimmter Weise. Für politische Strategien und Forderungen ergibt sich daraus, dass kritische Positionen konstitutiv in das verstrickt sind, was sie kritisieren, da sie sich noch in ihrer Kritik auf gegebene Normen beziehen müssen. Feministische Kritik beispielsweise kann als praktischer Ausdruck des Zorns über Beschränkungen von Lebensmöglichkeiten verstanden werden, als kollektive Suche und Forderung nach anderen, erweiterten Normen der Anerkennung des Lebens. Allerdings impliziert jede Antwort auf die Frage, was eine lebenswerte Welt ausmacht, bestimmte Normen, die festlegen, was ein lebenswertes menschliches Leben ist, und somit immer auch ausschließende Machtwirkungen hervorbringen: »Es kann also sein, dass das Leben selbst aufgekündigt wird, wenn über den ›richtigen‹ Weg im Voraus entschieden wird, wenn wir vorschreiben, was für jeden richtig sein soll.« (ZdG, 8) Da Normen immer durch Ausschlüsse definiert werden, liegt die ethische Herausforderung darin, die normativen Grundlagen dessen, was es bedeutet, menschlich zu sein, beständig auf diese Ausschlüsse hin zu befragen und eine Offenheit für unerwartete »Lebenszeichen« zu schaffen: »Es mag sein, dass das ›Richtige‹ und ›Gute‹ darin besteht, offen gegenüber den Spannungen zu bleiben, unter denen die meisten unserer grundlegenden Kategorien stehen, die Unwissenheit im Kern unseres Wissens und unserer Bedürfnisse zu kennen sowie bei den Wettkämpfen, die wir miteinander ausfechten müssen, ›Lebenszeichen‹ zu erkennen.« (ZdG, 8)

Normative Voraussetzungen einer bestimmten Verfasstheit von Weiblichkeit oder der Bezug auf Frauen können also angesichts dieser Ausschlüsse keine Grundlage für emanzipatorische Forderungen sein. Dies bedeutet aber nicht, dass die Geschlechternormen ungültig oder vermeidbar wären. Im Gegenteil: Ausgehend vom Doppelcharakter von Normen befasst sich Butler mit der Frage, inwiefern diese eine existenzielle Funktion in der Subjektwerdung haben und dennoch für Verschiebungen und Erweiterungen geöffnet werden können. Ohne Normen können wir als soziale Wesen nicht überleben und folglich auch nicht politisch handeln – dennoch müssen wir die jeweils geltenden Normen keineswegs hinnehmen. (MdG, 329)

Mit Butler gesprochen besteht die Aufgabe feministischer Kritik demnach darin, beständig die Bedingungen und Effekte der Geschlechternormen zu befragen und ihre Ausgrenzungen deutlich zu machen: Wie ermöglichen Normen das Leben und wie schränken sie das Leben ein? Was erscheint als lebenswert und schützenswert? Was wird als nicht lebenswert verworfen? Wer kann über diese Fragen verhandeln? Eine solche Kritik hält den gegebenen Verhältnissen keine substanziellen moralischen Grundlagen entgegen, sondern zielt vielmehr darauf, gerade diese substanziellen Grundlagen zu verunsichern. Ausgangspunkt einer solchen Kritikstrategie ist der Nachweis der grundsätzlichen Kontingenz von Normen – nicht jedoch die Behauptung ihrer Bedeutungslosigkeit oder Beliebigkeit: »Eine Voraussetzung in Frage zu stellen ist nicht das gleiche, wie sie abzuschaffen; vielmehr bedeutet es, sie von ihren metaphysischen Behausungen zu befreien, damit verständlich wird, welche politischen Interessen in und durch diese metaphysische Plazierung gesichert wurden.« (KvG, 56)

Im Anschluss an die Ausführungen zu Melancholie und Zorn lässt sich nun die politische Hoffnung formulieren, dass der durch das Unbehagen an Begrenzungen hervorgebrachte Zorn von der Melancholie gelöst werden kann, um den sozialen Text der Normen als solchen erkennbar zu machen und auf diese Weise eine Fantasie freizusetzen, die es »uns erlaubt, uns selbst und andere anders vorzustellen« (MdG, 53). Mit dem Begriff der Fantasie verweist Butler auf das, was über die von den Normen vorgegebene Realität hinausgeht. »Fantasie« bezeichnet dabei keine utopische Unwirklichkeit; sie »ist nicht einfach das Gegenteil von Realität; sie ist das, was von der Realität ausgeschlossen wird und was infolgedessen die Grenzen der Realität definiert, indem es das konstitutive Außen zu ihr bildet« (MdG, 52). Über Fantasie erschließt sich ein Zugang zu dem, was im Rahmen der symbolischen Ordnung nicht benennbar ist. Kritik an den beschränkenden Verhältnissen würde sich in diesem Sinne als kollektive »Erfindungsarbeit« äußern, die auf eine Erweiterung der symbolischen Möglichkeiten zielt, um verworfenen Existenzen eine Wirklichkeit zu eröffnen.[11]

Fantasie und Realität sind dabei konstitutiv verbunden: Ein über die Norm der Heterosexualität hinausweisendes Begehren beispielsweise kann intelligibel werden (und in diesem Sinne Wirklichkeit erlangen), indem es sich auf die Norm der Heterosexualität bezieht, die voraussetzt, dass Begehren im Rahmen einer binären Ordnung vergeschlechtlicht ist: Es kann als *homosexuelles* oder als *bisexuelles* Begehren intelligibel werden. Noch in der Erweiterung oder Verschiebung der engen Grenzen der Heteronormativität sind widerständige Begehrensformen also in diese Norm verstrickt. Gegenbewegungen der Fantasie unterliegen daher beständig der Gefahr, durch melancholische Verhaftungen unterlaufen zu werden. So war und ist es eine Aufgabe der Kritik an der heteronormativen Ordnung, die Realität homosexuellen Begehrens und das Recht auf einen Subjektstatus von Lesben und Schwulen geltend zu machen. Butler betont aber, wie wichtig es dabei ist, sich zu vergegenwärtigen, dass Homosexualität wiederum gleichsam Hervorbringung und konstitutives Außen der Heterosexualität ist. Deshalb sei der Versuchung zu widerstehen, Forderungen nach einem Subjektstatus (als

Schwuler oder als Lesbe) an die Voraussetzung vermeintlich stabiler Identitäten zu binden. Die Ausbildung einer kohärenten homosexuellen Identität trägt nämlich insofern melancholische Züge, als sie die konstitutive Verwiesenheit auf Heterosexualität nicht anerkennen kann. Da Identität die Einverleibung vorgängiger und nicht betrauerbarer Ausschlüsse bedingt, muss das Streben nach einer stabilen Identität diese vorgängigen Verwerfungen immer wieder bestätigen und bleibt auf diese Weise in der Melancholie verhaftet.

Jede kohärente Identität beruht auf Verwerfungen; »starre Formen der Geschlechtszugehörigkeit und der sexuellen Identifizierung, gleich ob hetero- oder homosexuell, [sind] Folgeformen der Melancholie« (PdM, 135). Wenn das Subjekt also eine solche vermeintlich kohärente und stabile Identität zur Grundlage seiner normativen Setzungen und politischen Forderungen macht, dann bestätigt es letztlich die von den hegemonialen Normen konstituierten Beschränkungen. Dies wirft die »politische Frage nach den Kosten« auf, die dadurch entstehen, dass Identitäten nur um den Preis von Ausschluss und Verleugnung hervorgebracht und stabilisiert werden können und daher immer durch »eine Sphäre verworfener Gespenster« bedroht werden. (PdM, 140) Die vermeintliche politische Stärke identitätspolitischer Forderungen verkehrt sich in ihr Gegenteil, denn für die Abwehr dieser Gespenster muss nicht nur viel Kraft und unter Umständen Gewalt aufgewendet werden. Sie hat zudem zur Folge, dass der politische Anspruch auf Repräsentation marginalisierter Subjekte nur durch weitere Ausschlüsse geltend gemacht werden kann, sodass erneut marginalisierte Subjekte entstehen. Auf diese Weise werden Möglichkeiten von Solidarität durch eine Konkurrenz verschiedener Identitäten immer wieder untergraben.

Die melancholische Verstricktheit der Kritik in die Normen, die Butler kritisiert, lässt sich anhand ihrer Diskussion der Debatten um die Homoehe veranschaulichen. (MdG, 167 ff.) Die Grundlagen der Anerkennung von Liebesbeziehungen,

Partnerschaft, individuellen Fürsorgeverhältnissen und Kindererziehung sind durch die heterosexuelle Matrix konfiguriert. Diese geben den Referenzrahmen für bestimmte Gewissheiten über natürliche Dispositionen, über wahres Begehren, normale Selbstverhältnisse und psychische Bedürfnisse vor. Indem sich die Forderung nach Anerkennung homosexueller Partnerschaften im Feld der gesellschaftlichen Normalisierung auf die rechtliche und institutionelle Anerkennung von dauerhaften, monogamen Zweierbeziehungen richtet, wird die Macht der Heteronormativität zwar herausgefordert, zugleich aber werden deren Parameter für partnerschaftliche und verwandtschaftliche Bindungen gewissermaßen melancholisch angeeignet. Lebensweisen, die über diesen Rahmen hinausweisen – sei es, weil mehr als zwei Personen in einer Liebesbeziehung verbunden sind oder weil sich Elternschaft für ein Kind auf mehr als zwei Personen erstreckt –, wird die Anerkennung verweigert, etwa dadurch, dass es für sie keinen rechtlichen Rahmen der Absicherung gibt, oder auch dadurch, dass sie einfach nicht als Beziehungen *gesehen* werden. Gelebte Überschreitungen der normativen Parameter verwandtschaftlicher Bindungen sind aber nicht nur einer solchen verweigerten Anerkennung ausgesetzt, sondern auch der Gefahr, dass sie als bedrohliche Gespenster abgewertet und zurückgewiesen werden, beispielsweise durch moralische Verurteilungen von Promiskuität. Ein anderes Beispiel sind von fachlichen Autoritäten geäußerte Bedenken über die psychischen Entwicklungschancen von Kindern, die nicht in der heteronormativen ödipalen Konstellation aufwachsen. (Vgl. MdG, 183ff.)

Eine Kritik an Ausschlüssen – etwa am Ausschluss homosexueller Paare von einer formalen Anerkennung ihrer Partnerschaften – befindet sich in dem Dilemma, dass sich politische Forderungen auf gegebene Normen beziehen müssen und dabei in gewisser Weise die mit diesen Normen einhergehenden Problemdeutungen akzeptieren. Dadurch bringen sie andere Ausschlüsse hervor oder bestärken vorhandene.[12] Um diese ausschließenden Effekte zu vermeiden oder sie zumindest in Bewegung zu halten, lässt sich im Anschluss an Butler argumentieren, dass Kritik diese Melancholie reflektieren sollte. Es gilt, die Verlustspur, die nur bestimmte Formen des Lebens anerkennbare Wirklichkeit erlangen lässt, als den sozialen Text von Normen sichtbar werden zu lassen, um auf diese Weise die damit verbundenen Verluste betrauerbar zu machen. Dies ist aber insofern eine riskante Kritikstrategie, als sie über die Frage, inwiefern die Anerkennung von bisher verbotenen Identitäten möglich sein könnte, die Beschaffenheit der Wirklichkeit selbst zur Disposition stellt. Statt die Aufnahme von ausgeschlossenen Lebensformen in eine etablierte Ordnung zu fordern, stellt diese Kritikstrategie die Ordnung selbst infrage – sie ist als »Aufstand auf der Ebene der Ontologie« (GL, 50) gewissermaßen ein Aufstand gegen die Selbstgewissheiten unseres Seins.[13] Auf das Beispiel der Homoehe bezogen bedeutet dies, dass es nicht um die Aufnahme anderer Beziehungsformen in ein vermeintlich universelles Muster verwandtschaftlicher Bindungen geht, sondern um die Rekonfiguration dieser Universalität, damit Bindungen, die in der bestehenden Ordnung nicht intelligibel sind, anerkennbar und gewaltfrei lebbar werden.

Normative Grenzen des Menschlichen

Die Frage, was das Leben auch für diejenigen erträglich machen kann, denen bislang eine Anerkennung nur bedingt oder gar nicht zugestanden wurde, sollte nicht durch den Bezug auf eine universelle Bestimmung von Menschlichkeit beantwortet werden. Jede konkrete Vorstellung dessen, was das Menschliche ausmacht, wird nämlich innerhalb einer spezifischen Macht-Wissen-Ordnung hervorgebracht und bringt stets durch den gleichzeitigen Ausschluss des Nicht-Menschlichen verworfene Existenzen hervor. Butler fordert daher, »dass wir lernen müssen, mit der Zerschlagung des Menschlichen zu leben und dies im Namen einer großzügigeren und letztlich weniger gewalttätigen Welt zu akzeptieren, ohne im Voraus zu wissen, welche Form unser Menschsein annimmt und annehmen wird« (MdG, 63). Mit dieser drastischen Formulierung von der »Zerschlagung des Menschlichen« bringt Butler die potenzielle Gewaltsamkeit eines stabilen Konzepts des Menschlichen zum Ausdruck. Um der Vielfältigkeit, die sich den normativen Rastern entzieht und diese dadurch infrage stellt, möglichst gewaltfrei begegnen zu können, müssen wir, so Butler, dieser Vielfältigkeit die Möglichkeit der Mitbestimmung dessen einräumen, was das Menschliche ist. Voraussetzung dafür ist, dass wir die vermeintliche Gewissheit oder Stabilität unserer Vorstellungen vom Menschlichen »zerschlagen«.

Eine transformative Praxis, die in diesem Sinne als Aufstand auf Ebene der Ontologie nach neuen Möglichkeiten sucht, ist wiederum nicht mehr als Handlungsfähigkeit eines souveränen Subjekts denkbar, sondern setzt eben genau dort ein, wo Souveränität schwindet. Da es darum geht, zu verändern, was wir sind, kann die Selbstgewissheit des souveränen Subjekts nicht die Grundlage dieser Praxis sein. Vielmehr eröffnet gerade die Unlösbarkeit der Frage, wer wir sind, eine Arena für Handlungsfähigkeit, die neue, bisher verworfene Erfahrungen und Seinsweisen wirklich werden lassen kann. Diese (selbst-)transformative Praxis ist aber kein individuell einzulösendes Projekt, sie beruht auf der »ausnahmslos kollektiven Fähigkeit« (MdG, 12), in Minderheitengemeinschaften ein »kulturelles Leben der Phantasie« zu ermöglichen, »das nicht nur die materiellen Lebensbedingungen organisiert, sondern das auch tragfähige gemeinschaftliche Bindungen erzeugt, in denen Anerkennung möglich wird, und das außerdem dazu dient, Gewalt [...] abzuwehren« (MdG, 343). Nicht zuletzt dieser Verweis auf Gewalt und die Notwendigkeit kollektiver Bezüge zu deren Abwehr deutet darauf hin, dass das Begehren anderer Möglichkeiten kein Luxusproblem spätmoderner Individualisierung darstellt. Für diejenigen, für die es keine

Kategorien der Anerkennung gibt, ebenso wie für diejenigen, denen die existierenden Kategorien Zwang und Zumutung bedeuten, stellt die Möglichkeit anderer, weiterer Kategorien eine (Lebens-)Notwendigkeit dar. (Vgl. MdG, 56) Die fantasievolle Bearbeitung normativ bedingter Verluste ist in diesem Sinne Teil des Kampfes ums Überleben. (Vgl. MdG, 343)

Die Bedeutung dieser normativ bedingten Verluste zeigt sich nicht nur auf der Ebene der individuellen psychischen Ökonomie. Butler macht den psychoanalytischen Begriff der Melancholie vielmehr auch fruchtbar, um die Dynamiken einer Kultur begreifbar zu machen, die sich auf verleugnete Verbote gründet. In »einer weitgehend heterosexuellen Kultur« (PdM, 131) ist die Unfähigkeit, um den Verlust gleichgeschlechtlicher Liebesobjekte zu trauern, weniger ein individuelles Unvermögen (das etwa durch psychotherapeutische Maßnahmen zu beheben wäre) als vielmehr als kulturelles Muster der Melancholie ein »Teil des Fungierens der Reglementierungsmacht« (PdM, 135). Dass das Unbehagen an den Verlusten und die damit verbundene Gefahr der Verunsicherung der eigenen Identität zu Selbstvorwürfen führen können, war bereits Thema. Nun lässt sich hinzufügen, dass die melancholische Verhaftung auch Aggressionen gegen diejenigen hervorrufen kann, die in der Performativität ihrer Geschlechtlichkeit und ihres Begehrens nicht der heterosexuellen Norm entsprechen und auf diese Weise die Gespenster lebendig werden lassen, die die heterosexuelle Identität infrage stellen. Butler benennt in ihren Arbeiten immer wieder Menschen, die von der Norm der Heterosexualität abweichen und deshalb Gewalt erleiden: »Brandon Teena wurde am 30. Dezember 1993 in Falls City, Nebraska, vergewaltigt und ermordet, nachdem er eine Woche zuvor wegen seiner Transsexualität angegriffen worden war. Mathew Shepard wurde am 12. Oktober 1998 in Laramie, Wyoming, dafür umgebracht (verprügelt und an einen Pfahl gefesselt), dass er ein ›femininer‹ Schwuler sei. Gwen Araujo, eine Transgender-Frau, wurde am 2. Oktober 2002 tot an den Ausläufern der Sierra-Berge gefunden, nachdem sie auf einer Party in Newark, California, tätlich angegriffen worden war.« (MdG, 17, Fn. 2)

Die Angst vor den Gespenstern des Verworfenen kann sich in solchen illegitimen Formen von Aggression und Gewalt geltend machen. Sie findet ihren Ausdruck aber auch in rechtlichen Regulierungen, beispielsweise in der bereits angesprochenen Verfügung, dass im US-amerikanischen Militär nicht über die eigene Homosexualität gesprochen werden durfte. Butler vermutet, dass es die »Angst der Freisetzung der Homosexualität aus diesem Zirkel der Entsagung ist, die die Hüter der Männlichkeit beim amerikanischen Militär derart in Schrecken versetzt« (PdM, 135). Im sozialen Kontext einer solchen melancholischen Ordnung der Zweigeschlechtlichkeit erscheinen die Morde an Personen, die außerhalb der gängigen Geschlechtsnormen leben, nicht einfach als ein Problem individueller Gewaltbereitschaft.

Zudem wird nachvollziehbar, inwiefern Butler diese Gewalt auch in einen Zusammenhang mit medizinischen »Korrekturen« der Körper von intersexuellen Säuglingen und Kindern stellt. (MdG, 17) Während Morde im allgemeinen Rechtsempfinden weitgehend unstrittig als illegitim gelten, erfolgen die medizinischen Eingriffe bei intersexuellen Kinder als legitime Akte zu deren Wohl, im Sinne ihres Anspruchs auf ein gutes Leben. Butler weist auf die Gemeinsamkeit dieser zunächst disparat erscheinenden Phänomene hin – als verschiedene Formen der Gewalt. Die Akteure meinen dabei die Gewissheit darüber zu haben, was ein richtiges, lebenswertes menschliches Leben ist, und verwerfen damit zugleich andere Existenzweisen als nicht lebenstüchtig oder lebenswert. Sie beharren auf der vermeintlichen Natürlichkeit oder Notwendigkeit der binären Geschlechterordnung, die angesichts der Bedrohung durch eine wie auch immer gelebte Opposition notfalls mit Gewalt verteidigt wird. Sowohl die Morde als auch die »Korrekturen« an den Kinderkörpern können als Versuche gesehen werden, das »auszulöschen, was die Geschlechterordnung, wie wir sie heute verstehen, ungewiss,

schwach und offen für grundlegende Veränderungen macht«
(ZdG, 2).

Die Inbeziehungsetzung von Morden mit rechtlichen Rege-
lungen und medizinischen Eingriffen lässt deutlich werden,
dass die Grenzziehung zwischen legitimer und illegitimer
Gewalt unsicher ist. Insbesondere in ihren neueren Texten
weitet Butler diese Problematik der impliziten Voraussetzungen der Beurteilung von Gewalt sowie der damit verbundenen normativen Begrenzungen des Lebens über die Frage der
Geschlechternormen hinaus aus und diskutiert deren Relevanz in weltpolitischem Maßstab. Vor dem Hintergrund der
Anschläge des 11. September 2001 und den anschließenden
Kriegen in Afghanistan und im Irak fragt sie unter anderem,
wie hegemoniale Normen dazu führen, dass bestimmte Leben als betrauerbar gelten und andere nicht. Während der gewaltsame Tod der einen als Unrecht und als moralisch zu ver-
urteilende Gewalt empfunden wird, erhalten andere Leben
nicht in gleichem Maße den Status des Betrauerbaren. Ihr gewaltsamer Tod ruft nicht die gleiche Empathie, die gleichen
Affekte hervor. Während die Toten des World Trade Center
oder die getöteten Soldaten der westlichen Länder gezählt
und ihre Namen und Geschichten bekannt sind, erscheinen
die afghanischen und irakischen Toten höchstens als grob ge-
schätzte Zahlen in der westlichen Öffentlichkeit.

Diese Unbetrauerbarkeit und die darin vorausgesetzte Verun-
wirklichung von Leben sind skandalöse Effekte von Machtverhältnissen, die diese Machtverhältnisse zugleich stabilisieren. Wie soeben dargestellt, können gewalttätige Übergriffe
auf Menschen außerhalb der Geschlechtsnormen, staatliche
Sprechverbote und medizinische Eingriffe bei intersexuellen
Kindern als Versuche der Stabilisierung einer prekären Geschlechterordnung gedeutet werden. In ähnlicher Weise können die öffentliche Zensur kritischer Äußerungen, gewalttätige Übergriffe auf andere Staaten und deren Bevölkerung
oder Gewalt gegen als »muslimisch« gedeutete Bevölkerungsgruppen innerhalb der USA als Versuche gelesen werden, das

prekäre Privileg von Souveränität und Unverletzbarkeit im Kontext einer bestimmten normativen und ökonomischen Weltordnung aufrechtzuerhalten. Auch hier erweist sich die Grenzziehung zwischen legitimer und illegitimer Gewalt als unsicher. Um Gewalt, die »von nicht staatszentrierten politischen Gebilden« (GL, 108) ausgeht, als illegitim und terroristisch zu definieren, und gleichzeitig gewalttätige Reaktionen etablierter Staaten als legitime Gegenwehr zu sanktionieren, ist ein hoher diskursiver Aufwand nötig, der einen normativen Bereich des Menschlichen gegen die Zonen der Verworfenen abgrenzt.

Die diskursive Hervorbringung verworfener Leben

Vor dem Hintergrund der gegenwärtigen globalpolitischen Situation gewaltsamer Konflikte argumentiert Butler, dass die USA einen Status der Souveränität beanspruchen, der mit einem Anspruch auf Unverletzbarkeit verbunden ist. Der Nationalstaat ist im Kontext der derzeitigen Kriege einer der wichtigsten Rahmen, in denen die Anerkennung von Leben verhandelt wird. Aus der Perspektive der Kriegstreibenden bringen diese Verhandlungen eine »Teilung des Globus in betrauerbare und unbetrauerbare Leben« hervor (RdK, 43). Diese Teilung ist ein wichtiges affektives Moment für die Rechtfertigung dessen, dass das Leben bestimmter Gemeinschaften gegen das Leben anderer verteidigt wird, »auch wenn das Leben dieser anderen dabei ausgelöscht werden muss« (RdK, 44).

Butler stellt auf die USA bezogen die zeitdiagnostische These auf, dass derzeit ein Wiederaufleben souveräner Macht festzustellen ist. (GL, 69 ff.) Sie bezieht sich hierbei auf Foucault, der mit dem Begriff der Gouvernementalität eine spezifische Machtkonstellation in der Moderne bezeichnet. Im Unterschied zur (vormodernen) Konstellation der Souveränitätsmacht, in der die Aufrechterhaltung der Ordnung vor allem darin bestand, die Macht des souveränen Herrschers zu sichern, zeichnet sich Gouvernementalität durch eine dezentrale Regulierung der Prozesse der Bevölkerung aus. Angestrebt wird die Optimierung der Lebensprozesse der Bevölkerung: über Strategien der Gewaltenteilung, der Verwaltung, der Verteilung von Gütern und Diensten, der Erhebung von statistischen Regelmäßigkeiten, über Normierung und vorsorgende Risikoabwehr und vor allem auch über die normierte Selbstregulierung der einzelnen Subjekte. Butler vermutet nun, dass Souveränitätsmacht gewissermaßen als Anachronismus im Feld der Gouvernementalität wieder auflebt. (Vgl. GL, 72) Die Bush-Administration begriff die Anschläge auf das World Trade Center als Angriff auf die Souveränität der USA und reagierte darauf mit militärischen Angriffen. Hinter dieser Reaktion steht der Anspruch auf eine Wiederherstellung der territorialen Unverletzbarkeit. Im Namen nationaler Souveränität und Sicherheit erhielt ein militärischer Verwaltungsapparat neben oder zusätzlich zum Prinzip der Rechtsstaatlichkeit weitreichende Befugnisse. So wurde beispielsweise das Schicksal der Gefangenen in Guantánamo Bay in die Hände von Verwaltungsbeamten gelegt, die an keine Rechtsaufsicht gebunden sind – weder durch US-amerikanische Gerichtsbarkeit noch durch Instanzen des Völkerrechts. Diese außergesetzliche Ausübung souveräner staatlicher Macht wurde durch einen permanenten Notstand im Kampf gegen den Terrorismus gerechtfertigt.

In den Gefangenen von Guantánamo Bay findet die diskursive Verwerfung von Leben als nichtmenschlich vielleicht ihren derzeit prägnantesten und offensichtlichsten Ausdruck. Diese Gefangenen wurden als Wesen konstituiert, für die die universellen Menschenrechte in ihren institutionalisierten Formen (UN-Menschenrechtskonventionen, Genfer Konventionen) keine Geltung haben, die also insofern keinen vollen Status als Menschen beanspruchen können. Eine solche »Derealisierung von Menschen« (GL, 97) lässt sich mit Butler jedoch in vielfältigen Praktiken als wichtige Strategie der Legitimation

von (staatlicher) Gewalt in kriegerischen Konflikten ausmachen. So ist die Grenzziehung zwischen Terrorismus und legitimer staatlicher Gewalt eine politische Rhetorik, die in vielfältigen historischen Situationen eingesetzt wurde und wird,
unter anderem in der Legitimation kolonialer Gewaltakte, gegenüber irischen Katholiken in Nordirland und im Kampf des
südafrikanischen Apartheidregimes gegen den African Natio-
nal Congress. (GL, 108)

Auch im Kontext des Israel-Palästina-Konflikts kritisiert Butler diese Strategie der Legitimierung staatlicher Gewalt durch
die Verwerfung der Menschlichkeit des Gegners. Um Gewaltakte gegen die palästinensische Bevölkerung im Namen des
Anspruchs Israels auf Unverletzbarkeit zu rechtfertigen, muss
das Leben von Palästinensern als weniger oder nicht lebens-
und schützenswert gelten. Im Zusammenhang mit dem
US-amerikanischen »Krieg gegen den Terror«, aber auch auf
den Israel-Palästina-Konflikt bezogen diskutiert Butler, wie in
den westlichen Staaten bestimmte Interpretationsrahmen
durchgesetzt werden, die vor allem über rassistische und anti-
islamische Raster systematisch eine höchst ungleiche Gefähr-
detheit verschiedener Bevölkerungsgruppen hervorbringen
und stabilisieren. Wichtiges Instrument dieser Strategien der
Verwerfung bestimmter Leben sind Maßnahmen der Zensur,
die in diversen Formen auftreten können. Der Kampf gegen
Terrorismus, die Sicherung staatlicher Souveränität in den USA
und die Sicherheit Israels dienen als Argumente, um kritische
Stimmen, die hegemoniale Deutungsmuster dieser Konflikte
und die Legitimität der staatlichen Gewaltakte infrage stellen
oder einfach nach historischen Ursachen dieser Konflikte fragen, als illegitim, unvernünftig oder gar unmoralisch (da den
Terrorismus vermeintlich entschuldigend oder gar legitimie-
rend) zu verunglimpfen. In dieser Repression von Kritik spielen dualistische Argumentationen nach dem Muster: »Wenn
du nicht für uns bist, bist du für sie« eine wichtige Rolle.

Butler diskutiert die zensierende Wirkung einer solchen dualistischen Argumentation am Beispiel Israels: Kritik am Staat

Israel wird mit Antisemitismus gleichgesetzt. (Vgl. GL, 121 ff.) Butler weist diese Argumentation als macht- und interessegeleitete Strategie der zensierenden Verengung des öffentlichen Diskursraums zurück und macht zugleich auf deren produktive Wirkungen aufmerksam. Eine binäre Logik, die nur zwei Möglichkeiten – für den Staat Israel *oder* antisemitisch – intelligibel werden lässt, bringe eine jüdische Identität hervor, die eine Unterscheidung zwischen Juden und dem Staat Israel verneine, alle Juden zu Zionisten erkläre und Differenzen und Meinungsunterschiede unter Juden nicht zulasse. Eine solche Indienstnahme des Antisemitismusvorwurfs begrenze nicht nur den Raum des Sagbaren, sondern lasse den Vorwurf des Antisemitismus selbst suspekt werden, »wodurch ihm Sinn und Bedeutung in einem nach wie vor unverzichtbaren, aktiven Kampf gegen den existierenden Antisemitismus genommen wird« (GL, 13).

Jenseits des dualistischen Entweder-dafür-oder-dagegen argumentiert Butler, dass sie ihre Kritik an der Politik des Staates Israel nicht zuletzt auch aus einer Sorge um die Sicherheit und die Zukunft der jüdischen Bevölkerung Israels äußere. Allerdings sei diese Frage nicht von der Sicherheit und Zukunft der palästinensischen Bevölkerung zu trennen. Beide Gruppen haben Gewalt und Unrecht erfahren, sich gegenseitig Gewalt und Unrecht zugefügt. Für eine bessere, weniger gewaltvolle Zukunft sei es wichtig, den Zirkel der Gewalt und Rache zu durchbrechen, und dafür sei wiederum die Anerkennung der radikalen Interdependenz, der konstitutiven Abhängigkeit vom Anderen und davon ausgehend die Abkehr von einem Anspruch auf Souveränität und Unverletzbarkeit unhintergehbare Voraussetzung.

Ethik der konstitutiven Angewiesenheit

Butler hält der Logik der Selbsterhaltung und der Selbstverteidigung, wie sie in den heutigen kriegerischen Konflikten herrscht, entgegen, dass es kein Selbst gibt, das außerhalb der konstitutiven Abhängigkeit von seinem Gegenüber besteht. Um die Zirkel von Angriff und Vergeltung zu durchbrechen, sei es daher notwendig, Abhängigkeit und Verantwortung jenseits des nationalistischen Rahmens zu fassen und anzuerkennen. Um ein Verständnis dafür entwickeln zu können, wie auch auf zwischenstaatlicher und globaler Ebene gewaltfreie Reaktionen auf Verletzung möglich sein könnten, hält Butler theoretische Überlegungen zur Formierung des Subjekts für entscheidend. (Vgl. GL, 62) Es geht dabei aber nicht um die Gleichsetzung von individuellen Subjekten und Staaten, sondern um ein »Modell für Handlungsfähigkeit und Intelligibilität, das sehr oft auf Vorstellungen von souveräner Macht basiert« (GL, 63). Hält man am Gedanken der Souveränität fest, so erscheint Handlungsfähigkeit als Ermächtigung und Verfügung über eine äußerliche Welt; zugleich wird Intelligibilität an eine kohärente Identität gebunden. Diese Abgrenzung des Subjekts gegenüber der Welt geschieht durch definitorische Ausschlüsse des konstitutiven Außen, die das souveräne Subjekt zu einer instabilen Figur machen, denn das Außen wirkt ständig als innere und äußere Bedrohung seiner Kohärenz und Autonomie. Es ist insofern eine gewaltsame Figur, als es diese Bedrohungen permanent abwehren muss. Das nationale Subjekt ist laut Butler durch ein Schisma gekennzeichnet. Seinen Anspruch auf Souveränität macht es geltend, indem es die Souveränität anderer nicht anerkennt – im Namen der Souveränität wird die Grenze einmal verteidigt und ein andermal verletzt. (Vgl. KA, 32)
Ihre Kritik an dieser Figur des souveränen nationalen Subjekts formuliert Butler über den Vorschlag, Leben per definitionem als prekär oder gefährdet zu begreifen. Prekarität stellt

in diesem Sinne eine ontologische Grundbedingung jeden Lebens dar. Dadurch, dass wir nur in unserem Ausgesetztsein an andere als Subjekte lebensfähig sind, stehen wir in einer konstitutiven Abhängigkeit von diesen anderen: Subjekte sind wir immer und nur als körperliche Wesen in sozialen Beziehungen und das macht uns fundamental verletzbar. Die Anerkennung dieser Verletzbarkeit des Lebens macht Butler zur Voraussetzung der Verhandlungen über ein gutes Leben und der Abkehr von Gewalt. Zum Vorschein kommt hier die ethische Dimension ihrer These, dass Handlungsfähigkeit dort einsetzt, wo die Souveränität schwindet.

Verletzbarkeit verweist allerdings nicht auf eine den Menschen innewohnende Substanz, sondern wird immer in historischen Strukturen in bestimmten Formen reguliert und materialisiert. Die aktuelle historische Situation zeichnet sich durch eine sehr unterschiedliche Ausgesetztheit der Individuen aus; Verwundbarkeiten sind in hierarchischen Machtverhältnissen äußerst ungleich verteilt. Um diese doppelte Bestimmung von abstrakter Gemeinsamkeit und konkreter Ungleichheit zu erfassen, schlägt Butler eine begriffliche Unterscheidung zwischen *precariousness* (Gefährdung) und *precarity* (Prekarität) vor. (RdK, 31 f.) *Precariousness* bezeichnet die ontologische Dimension der Verletzbarkeit als Grundbedingung des menschlichen Seins. *Precarity* verweist auf die politische Konstitution von Verletzbarkeit in sozial differenzierten Mustern der Verletzbarkeit. In der Kritik der Verhältnisse, die *precarity* als Ungleichheit sozial hervorbringen und reproduzieren, nimmt die Kritik der Souveränität eine wichtige Stelle ein, da sie auf der Abwehr von Verletzbarkeit beruht, auf der Verleugnung von *precariousness;* sie ist insofern eine Illusion, die nur über Privilegien und Gewalt eingelöst und aufrechterhalten werden kann.

Die Anerkennung dieser Abhängigkeit und Verletzbarkeit ist allerdings kein einfach zu befolgendes Rezept, denn die Schwierigkeit besteht gerade darin, dass unsere historische Existenz als Subjekt und die damit verbundene Handlungsfähigkeit an Souveränität und Autonomie gebunden zu sein scheinen, also mit der Verleugnung konstitutiver Abhängigkeiten einhergehen. Spürbar, unmittelbar erlebbar kann unsere konstitutive Abhängigkeit aber dann werden, wenn wir einen geliebten Menschen verlieren. Die Trauer, die wir in einer solchen Situation durchleben, die mit ihr verbundenen Erlebnisse von Verlust und Veränderung enthüllen uns unter Umständen »etwas von dem, [...] was wir sind, etwas, das die Bindungen beschreibt, die wir an andere haben, was uns zeigt, dass *diese Bindungen das darstellen, was wir sind*, Bindungen oder emotionale Bande, die uns ausmachen« (GL, 39; Herv. HM). Butler diskutiert, dass in der Trauer erfahrbar wird, dass »ich« nicht einfach »dich« als Gegenüber verliere, sondern dass dieser Verlust »mich« verändert, weil »du« ein *Teil meiner selbst* warst, der nun verloren ist, und weil damit zur Disposition steht, wer »ich« bin und zukünftig ohne »dich« sein werde. Trauer kann insofern als ein Symptom verstanden werden, das die »fundamentale Sozialität des Lebens« (MdG, 42) begreifbar macht, die darin begründet ist, dass Bindungen nicht einfach *zwischen* Subjekten bestehen, sondern vielmehr das darstellen, *was diese Subjekte sind.*

Von dem Argument ausgehend, dass Trauer gewissermaßen ein Symptom ist, das uns unsere Ausgesetztheit, unsere konstitutive Relationalität spüren lässt, folgert Butler, dass Trauer zu einer politischen Ressource gemacht werden kann. Als konkretes Beispiel von Politikstrategien, die Trauer zu einer Ressource machen, diskutiert sie Aktionsformen, die »die Trauer um die an AIDS Gestorbenen so hartnäckig publik gemacht und politisiert« (PdM, 139) haben. Um den Zorn über die Verluste und deren Nichtanerkennung innerhalb der heteronormativen Kultur von der melancholischen Verhaftung zu lösen und ihm produktive Möglichkeiten des Ausdrucks zu geben, seien kollektive Trauerinstitutionen wichtig – angesichts der Gefahr der »melancholischen Wirkungen einer solchen Ächtung bis zum Suizid« (PdM, 139) seien sie sogar überlebenswichtig.

Auch im Hinblick auf globale kriegerische Konflikte hält Butler Trauer für eine wichtige politische Ressource. Von den Anschlägen des 11. September waren viele Menschen affektiv berührt, auch wenn sie nicht selbst einen bekannten oder gar geliebten Menschen verloren haben.[14] Angesichts dieser Fähigkeit, sich vom Schicksal unbekannter Menschen berühren zu lassen, fragt Butler, warum der Tod oder Unglück von Menschen aus bestimmten Bevölkerungsgruppen Bestürzung hervorrufe, aus anderen aber nicht. Unsere affektive Ansprechbarkeit ist offenbar geteilt, es gibt »diejenigen, für die wir spontan und unbegründet Sorge empfinden, und andererseits diejenigen, deren Leben und Sterben uns schlichtweg nicht berührt oder gar nicht erst als solches in den Blick kommt« (KA, 35). Affekte sind nicht unsere individuellen Eigenheiten, sie werden durch den Bezug auf soziale Normen hervorgebracht, erscheinen aber als unmittelbare, individuelle, jeder Interpretation vorausgehende Reaktion. Diese vermeintliche Unmittelbarkeit gilt es zu hinterfragen und die normativen Raster, in denen Affekte erlebbar werden, in ihren ausschließenden Machtwirkungen deutlich zu machen, um sie damit zum Gegenstand von Gestaltung werden zu lassen.

Verantwortung, so Butler, setzt »eine gewisse Ansprechbarkeit voraus« (KA, 35). Allerdings lässt sich diese Ansprechbarkeit nicht in unserer »Menschlichkeit« begründen, da diese von Normen hervorgebracht wird, die das Menschliche in das teilen, was sichtbar und spürbar wird, und das, was unsichtbar und nicht spürbar bleibt. Ansprechbarkeit ließe sich aber in einer Anerkennung unserer Verletzbarkeit und der Grenzen unseres Selbstverständnisses begründen. Verantwortung setzt in diesem Sinne keine Gewissheiten darüber voraus, wer wir sind, sondern wird zu einer Frage, wie wir auf andere antworten können. Mit Bezug auf Emmanuel Levinas argumentiert Butler, dass sie diese ethischen Forderungen nach einer gewaltlosen Gestaltung unserer Beziehungen und Abhängigkeiten nicht in einem prinzipiellen Pazifismus des Menschen begründet. Vielmehr sei es gerade die unausweichliche »Spannung zwischen der Angst, Gewalt zuzufügen, und der Angst, Gewalt zu erleiden« (GL, 163), aus der ein Begehren nach Gewaltlosigkeit hervorgehen könne. Ebenso wenig, wie wir uns von den Verlusten lösen können, die unsere Existenz als Subjekt ermöglichen, kann es darum gehen, Aggression als Teil des Lebens abzuschaffen. Wichtig sei aber, zwischen Aggression und Gewalt zu unterscheiden und Aggression in einer »lebbaren Form« (KA, 33) zu gestalten. Die Kollektivität, die für eine solche Gestaltung notwendig ist, beruht nicht auf einem »Wir«, das dadurch entsteht, dass sich selbstgewisse, singuläre Subjekte begegnen und wechselseitig als ähnlich anerkennen. Vielmehr ist ein »Wir« wünschenswert, das in der Anerkennung des wechselseitigen Ausgesetztseins begründet ist: »Insofern dieses Faktum des Ausgesetztseins ein kollektiver Zustand ist und uns alle gleichermaßen charakterisiert, setzt es nicht nur das ›Wir‹ wieder ein, sondern trägt auch ein bestimmtes Prinzip der Ersetzbarkeit mitten in die Singularität hinein.« (KeG, 47 f.) Statt also Souveränität als Grundlage einer ethischen Disposition anzunehmen, begründet Butler das moralische Vermögen des Subjekts gerade durch dessen konstitutive Grenzen. In der Anerkennung dieser Grenzen liegt die Möglichkeit der Offenheit für Anderes, Unerwartetes sowie das Potenzial, dem Anderen großzügig und zuversichtlich zu begegnen.

5. Rezeption und kritische Diskussion

Butlers Arbeiten sind *work in progress*, sie werden in kritischem Dialog mit anderen beständig weiterentwickelt. Butler geht auf Einwände und Kritik ein, stellt bestimmte Argumente klar, überdenkt oder reformuliert andere, wirft neue Fragen auf oder stellt alte Fragen aus einer anderen Perspektive. Ihre Arbeiten sind international breit rezipiert worden und haben zum Teil heftige Kontroversen ausgelöst – vor allem aber werden sie in unterschiedlichen Disziplinen und Debatten aufgegriffen und auf verschiedene Fragen und Gegenstände bezogen. Daher ist nicht nur eine Gesamtdarstellung ihres Werks unmöglich, sondern auch eine auf Vollständigkeit zielende Bestandsaufnahme der Rezeption. In diesem Kapitel werden deshalb kurz die Anfänge der Butler-Rezeption in Deutschland umrissen, um deutlich zu machen, dass diese Debatten vor dem Hintergrund gewisser Krisen zu begreifen sind, in denen die Bedeutung der Kategorie Geschlecht radikal infrage gestellt wird und zugleich die Konzeptionen von Subjekt und Handlungsfähigkeit sowie normative Politikbegründungen kritisiert werden. Mit ihrer Subjekttheorie macht Butler wichtige Angebote, um diese Fragen konstruktiv aufzugreifen und weiterzudenken. Insbesondere eröffnet sie durch ihre kritischen Analysen des Subjekts die Möglichkeit, die Problematik von Kollektivität und Ethik neu und anders zu fassen. Abschließend sollen Anschlussstellen skizziert werden, an denen Butlers Arbeiten kritisch weitergedacht werden können (und weitergedacht werden – sowohl von anderen als auch von Butler selbst). Ansatzpunkt dafür ist die Frage, inwiefern die konstitutive Sozialität der Subjekte über die Dimension der Normen hinaus erfasst und historisch situiert werden müsste und inwiefern dieser Bezug auf Sozialität selbst eine konstitutive Grenzziehung impliziert, die weiterer Reflexion bedarf.

Gender Trouble als Wendepunkt

Wie Patricia Purtschert bemerkt, lässt sich die Geschichte der deutschsprachigen feministischen Theorie der 1990er-Jahre nicht losgelöst von der Rezeption von Butlers *Gender Trouble* erzählen. (Purtschert 2003, 147) Das Erscheinen der deutschen Übersetzung dieses Buches unter dem Titel *Das Unbehagen der Geschlechter* im Jahr 1991 wird häufig als eine Art Wendepunkt wahrgenommen, an dem sich die Perspektive verschoben hat: weg von der Frage nach dem Umgang mit der Differenz, hin zur Erforschung von Differenzierungsprozessen; weg von der Problematisierung des Geschlechterunterschieds, hin zur Problematisierung der natürlichen Zweigeschlechtlichkeit. Diese Konstruktion einer Stunde null ist zwar insofern nicht ganz richtig, als die Voraussetzung einer universellen Zweigeschlechtlichkeit lange vor Erscheinen von Butlers Buch kritisch hinterfragt wurde. (Vgl. z. B. Hagemann-White 1984)[15] Allerdings löste sich mit den Diskussionen um Butlers *Unbehagen der Geschlechter* in der deutschsprachigen Frauen- und Geschlechterforschung eine Art »Rezeptionssperre« (Gildemeister/Wetterer 1992) und die »Kritik der Kategorie ›Geschlecht‹« (Landweer/Rumpf 1993) wurde zu einer heiß debattierten Frage.

Dass die natürliche Geschlechterdifferenz in Deutschland so lange unhinterfragt blieb, ist vermutlich auch auf methodische Traditionen zurückzuführen. Die Theorien zur sozialen Konstruktion der Zweigeschlechtlichkeit stammten zunächst vor allem aus dem ethnomethodologisch-interaktionstheoretischen oder aus dem poststrukturalistischen Kontext, während die Forschung in Deutschland gesellschaftstheoretisch sozialhistorisch ausgerichtet war. Eine starke Strömung des-bundesdeutschen Feminismus der 1980er-Jahre knüpfte kritisch an die marxistische Theorie und an die Frankfurter Schule an. Geschlecht wurde vor allem als *Strukturkategorie* aufgefasst und im Zusammenhang mit gesamtgesellschaftlichen Organisationsprinzipien betrachtet, in denen die Geschlechter zueinander in (ungleiche) Verhältnisse gebracht werden. (Vgl. Becker-Schmidt/Knapp 1995) Diese gesellschaftstheoretisch argumentierenden Theoretikerinnen betrachteten die konstruktivistischen Ansätze als zu wenig strukturtheoretisch fundiert. Die Geschlechterdifferenz werde von diesen Ansätzen auf ein kulturelles oder interaktiv hergestelltes Phänomen verkürzt, sodass die Problematik sozialer Ungleichheit nur unzureichend thematisiert werde. (Vgl. z. B. Villa 2000)

Auch der soziale und politische Kontext ist sicherlich ein Erklärungsfaktor für die Resistenz gegenüber grundsätzlichen Infragestellungen einer natürlichen Zweigeschlechtlichkeit. So weist Carol Hagemann-White darauf hin, dass die Frauenbewegung in der Bundesrepublik Deutschland stark um Autonomie zentriert war, also eine Eigenständigkeit und Unabhängigkeit der Frauenbewegung gegenüber staatlicher Politik betonte. Feministische Politik sollte in diesem Verständnis vor allem von und für Frauen gemacht werden. Um dies zu begründen, war allerdings eine gewisse Sicherheit darüber notwendig, wer Frauen sind und was sie brauchen – und dies setzte das Festhalten an einer fundamentalen (wenn vielleicht auch sozial geformten) Differenz zwischen Männern und Frauen voraus. Mit diesem Beharren auf Identität und Differenz entstand, so argumentiert Hagemann-White, »ein gewisser Boden neuer Gläubigkeit für Thesen über *unaufhebbare* Geschlechtsunterschiede, körperlich, vorgeschichtlich« (Hagemann-White 1988, 226).

Auf diesen theoretisch-kulturellen Kontext trafen die Thesen aus Butlers *Gender Trouble* und wurden von vielen zunächst offenbar als unsinnig, wenn nicht gar bedrohlich wahrge-

nommen. Überspitzt lassen sich die Befürchtungen und Vor-
würfe folgendermaßen zusammenfassen: Butler bestreite in
diesem Buch die materielle Wirklichkeit der (Geschlechts-)
Körper und versuche damit, die Geschlechterdifferenz in ein
beliebiges Sprach- oder Maskenspiel aufzulösen; zudem hätten ihre Thesen gar den Effekt, das feministische Subjekt
(Frau) abzuschaffen und damit der feministischen Kritik und
Politik ihre Grundlage zu entziehen.

Wie Evelyn Annuß argumentiert, kann die Butler-Rezeption
der 1990er-Jahre in Deutschland als Symptom einer »Krise innerhalb der Geschlechterforschung« gedeutet werden (Annuß
1999, 94), die sich unter anderem als Generationenkonflikt
manifestierte, innerhalb dessen »auch die Definitionsmacht
darüber ausgehandelt [wurde], was Gegenstand der Geschlechterforschung und wer für die wissenschaftliche Arbeit in diesem spezifischen Feld zuständig ist« (Annuß 1999,
94). Mit Purtschert lässt sich wiederum fragen, inwiefern dieser spezifische Hintergrund der frühen Butler-Rezeption ein
Diskursfeld absteckte, »das die feministische Diskussion poststrukturalistischer und dekonstruktivistischer Ansätze im
deutschsprachigen Kontext bis heute bestimmt« (Purtschert
2003, 148). So zeichnet sich die Debatte in Deutschland zumindest in den ersten Jahren durch bestimmte Auslassungen
und hartnäckige Fehllektüren oder Missverständnisse aus.
Nach dem Erscheinen von *Gender Trouble* stürzte sich die
Diskussion mit viel Aufregung auf die (im internationalen
Kontext gar nicht so neue) Kritik der in der Sex-Gender-
Unterscheidung implizierten Annahme einer biologischen
Geschlechterdifferenz. Völlig übersehen oder ausgelassen
wurde dabei in weiten Teilen der Debatte – darauf wies Sabine Hark bereits 1993 hin –, dass ein entscheidender Kern
von Butlers Kritik auf die (mit der Sex-Gender-Unterscheidung verbundenen) *heteronormativen, identitätspolitischen
Grundannahmen* vieler feministischer Konzepte und Theo-
reme zielte. (Hark 1993) Diese Vernachlässigung der zentralen Bedeutung, die die Kritik der heterosexuellen Matrix in

Butlers Thesen zur Geschlechterdifferenz hat, kann vielleicht als Schlüssel zu bestimmten, immer wieder hervorgebrachten Missverständnissen gesehen werden. So hielt sich etwa die Lesart, dass Butler mit ihrer Infragestellung der natürlichen Geschlechterdifferenz die Materialität oder gar die Existenz der Körper leugne, hartnäckig, wiewohl dies – spätestens seit dem Erscheinen von *Körper von Gewicht,* wo Butler sich auch mit Kritik an ihrer Auffassung von Körperlichkeit auseinandersetzt – völlig an Butlers Konzeptionen vorbeigeht. (Vgl. Tuider 2003)

Mittlerweile wird Butler – auch über die Frauen- und Geschlechterforschung hinaus – zunehmend als eine Theoretikerin des Subjekts wahrgenommen, die unter anderem deutlich macht, dass die Geschlechtlichkeit konstitutiv für moderne Subjekte ist.[16] Vor allem wird inzwischen Butlers Kritik der heterosexuellen Matrix in ihrer fundamentalen Bedeutung für die Verhandlung der Geschlechterdifferenz breit wahrgenommen und aufgegriffen. Nicht zuletzt Butlers eigenen Themenverschiebungen folgend, werden ihre Texte in ihrer Bedeutung für die Kritik globaler Macht- und Gewaltverhältnisse sowie für die Rekonzeptualisierung emanzipatorischer Politik diskutiert. Als recht sperrig erweist sich dabei weiterhin Butlers Perspektive einer immanenten Kritik, die mit den Konzepten von Performativität und Iterabilität *strukturimmanente* Dynamiken als Möglichkeitsbedingungen für Handlungsfähigkeit erfasst. In einem von humanistischen Traditionen geprägten Kontext, in dem Handlungsfähigkeit und Kritik in einem äußerlichen Verhältnis von Subjekt und Strukturen begründet werden, erscheint die Konzeption einer Handlungs- und Kritikfähigkeit, die in und durch die (subjektivierende) Unterwerfung unter Strukturen entsteht, als kontraintuitiv. Die Einschätzung von Annuß, dass die Auseinandersetzungen um Butlers Thesen als Krisensymptom zu verstehen sind, lässt sich in diesem Sinne erweitern: Es geht um eine grundlegende Auseinandersetzung mit den Fragen, was ein handlungsfähiges Subjekt ist, in welchem Verhältnis es zu seiner Welt steht, in welcher Weise es Kritik üben kann und auf welche normativen Grundlagen sich eine solche Kritik berufen kann. Diese Fragen sind nun keinesfalls völlig neu und sie werden nicht erst von Butler aufgeworfen. Aber Butler macht interessante Angebote, wie sie zu denken und zu bearbeiten sein könnten. Insbesondere leisten ihre Arbeiten wichtige Anstöße dafür, anzuerkennen, dass wir diese Fragen aus einer paradoxen Situation heraus angehen. Einerseits scheint klar, dass humanistische Subjektvorstellungen zu dekonstruieren sind, um die mit ihnen verbundenen Ausschlüsse und Gewaltsamkeiten nicht immer wieder zu reproduzieren. Zugleich ist der Humanismus in die epistemischen Traditionen eingelassen, durch die wir unser In-der-Welt-Sein leben und erleben. Wie bereits dargelegt, bedeutet eine Infragestellung in Butlers Sinn nicht, dass das, was hinterfragt wird, als Illusion abgetan oder einfach abgeschafft werden kann. Das souveräne Subjekt ist ein *Phantasma*, insofern es immer nur über die Verwerfung oder den Ausschluss seiner Abhängigkeit eine (prekäre) Stabilität erhält. Zugleich ist es eine *historisch reale Figur*, insofern es die Art und Weise, wie wir uns auf unsere Welt beziehen, konfiguriert und damit ontologische Effekte hervorbringt.

Ein wichtiges Moment von Butlers Subjekttheorie und -kritik besteht also darin, die paradoxe Situation zu erfassen, dass wir konstitutiv in die Verhältnisse verstrickt sind, die wir erkennen und kritisieren wollen. Zudem – und wiederum mit dieser Verstricktheit verbunden – stellt sich dieses »Wir« als eine äußerst prekäre und problematische Figur dar. Es kann nicht über einen Bezug auf identitäre Ähnlichkeiten hergestellt werden, wie exemplarisch die Kritik am feministischen »Wir« als Frauen deutlich macht. Ebenso wenig kann allerdings auf eine Konzeption von Kollektivität verzichtet werden – siehe beispielsweise Butlers Hinweise darauf, dass subversive Resignifikationen von Normen nur über kollektive Minderheitenversionen möglich sind. Für einen zentralen Beitrag von Butlers Subjekttheorie halte ich daher die Perspektive, die sie bei der Frage nach Möglichkeiten von Kollektivität eröffnet. Im vorigen Kapitel wurde angedeutet, dass Butler auf einer recht abstrakten Ebene die Möglichkeit eines »Wir« über die gegenseitige konstitutive Abhängigkeit formuliert. Nun stellt sich die Frage, wie eine ethische Perspektive, die Kollektivität in der Verantwortung für unsere geteilte Verletzbarkeit begründet, auf konkrete Situationen und Praktiken bezogen werden kann. Als konkrete Figur ist das »Wir« immer historisch, es ist brüchig und schwankend, es lässt sich immer nur punktuell, relational und kontextabhängig festmachen. Politisch bedeutet dies, die Frage nach den Möglichkeiten von Bündnissen zu stellen, die nicht über Identitäten und gemeinsame Bedürfnisse begründet werden, sondern sogar über vermeintlich unüberbrückbare Differenzen hinweg immer wieder punktuell eingegangen werden müssen. Mit dieser Frage der Bündnisse ist die spezifische Anforderung verknüpft, Praktiken *kultureller Übersetzung* zu erkunden und umzusetzen, um die unhintergehbare Gleichzeitigkeit von Gemeinsamkeiten und Differenzen beständig durchzuarbeiten, ohne von vornherein eine bestimmte Perspektive zum Maßstab und zur Voraussetzung für soziale Teilhabe zu erheben. So weist Butler universalistische Gesten des Feminismus zurück und setzt diesen das Projekt einer »feministischen Neukonzeption« entgegen, in deren Mittelpunkt die Suche nach einem »erweiterungsfähigen und mitfühlenden Vokabular« steht, durch das »die partizipatorische Basis des demokratischen Lebens verbreitert werden kann« – und damit die Frage der Kollektivität immer in gewisser Weise offen und in Bewegung gehalten wird. (KvG, 10)

Die konstitutive Unbestimmtheit der Universalität

Noch in ihrer Kritik an den konstitutiven Ausschlüssen eines kollektiven »Wir« fragt Butler also nach anderen Möglichkeiten, Kollektivität zu denken und umzusetzen. Damit greift sie in die Diskussion um Bedeutung und (Un-)Möglichkeit universalistischer Prinzipien ein. An Lacans Setzung einer universellen Struktur der symbolischen Ordnung kritisiert Butler, dass unter der Hand partikulare Phänomene (bestimmte materiale Verwandtschaftsverhältnisse) zu vermeintlich abstrakten Universalismen umgeschrieben werden. Statt nun daraus aber den Schluss zu ziehen, dass es jenseits der lokalen Partikularismen keine universellen Bezugsmomente geben kann – was einer relativistischen Position entsprechen würde –, fragt Butler danach, wie gerade die konstitutive Unrealisierbarkeit des Universellen zum Ausgangspunkt für dessen beständige Umarbeitung und dadurch zur Basis einer radikalen Demokratie werden kann. (Vgl. CHU, 41) Wie ich im Folgenden deutlich machen will, macht sie damit wichtige Angebote, um über existenzielle Fragen unserer Zeit zu reflektieren. Zugleich sind diese theoretischen Angebote ihrerseits wiederum auf bestimmte Grenzen hin zu befragen und kritisch weiterzudenken.

Der Bezug auf universelle Dimensionen von Ethik und Politik scheint unvermeidbar – in einer Welt, in der politische Entscheidungen eines souveränen Staates zu Tod und Verwüstung in weit entfernten Ländern führen, in der ökonomische Entscheidungen von Privatinvestoren in den Metropolen das materielle Wohlergehen und sogar die Existenz von ganzen Bevölkerungsgruppen in weit entfernten Weltregionen beeinflussen können. Vor diesem Hintergrund stellen die Menschenrechte eine Grundlage dar, auf die sich von kriegerischen Interventionen oder ökonomischen Prozessen und Ungleichheiten bedrohte Bevölkerungen berufen können, um die Unrechtmäßigkeit ihrer Situation zu begründen und Veränderungen einzuklagen. Butler hält die Menschenrechte für eine unerlässliche politische und ethische Ressource; ihre kritischen Fragen richten sich jedoch darauf, inwiefern jeder Bezug auf Menschenrechte durch eine bestimmte kulturelle Syntax konfiguriert ist, die festlegt, wer überhaupt ein Mensch ist und wessen Forderungen überhaupt gehört werden (können). (Vgl. CHU, 35f.) Im Anschluss an die Darstellung im 4. Kapitel lässt sich sagen, dass »Menschlichkeit« nicht einfach als Grundlage universeller Rechte vorausgesetzt werden kann, dass also universelle Rechte nicht eine Ressource darstellen, die einfach gegeben wäre und auf die unterdrücke Gruppen zurückgreifen könnten. Vielmehr verweist Butler darauf, dass das Konzept der Universalität mit der beständigen Auseinandersetzung darüber verknüpft ist, was das Menschliche ausmacht.

Jeder ethische und politische Bezug auf Menschenrechte impliziert bestimmte Prämissen darüber, was »der Mensch« ist. Indem Butler diese Prämissen als performative Grenzziehungen verhandelt, macht sie diese ontologische Bestimmung als eine Frage politischer Verhandlungen erkennbar. Sie hebt also die *konstitutive Unbestimmtheit* des Konzepts universeller Menschenrechte hervor.

Wie auch schon im vorigen Kapitel angesprochen, hält Butler die Subjektanalyse für einen wichtigen Schlüssel zu diesen globalen Fragen. Das leuchtet insofern unmittelbar ein, als die historische Dominanz des westlichen, humanistisch-liberalen Subjekts die hegemoniale Form konfiguriert, in der Menschlichkeit intelligibel und zur Grundlage für Rechtsprechung und politische Forderungen wird. Butler betont sowohl die radikale gesellschaftliche Bedingtheit als auch die Gewaltsamkeit dieses Subjekts, das seine Souveränität immer in der Abgrenzung zu anderen erlangen muss. Aus der Erkenntnis, dass in Rechte mit universellem Geltungsanspruch eine bestimmte (partikulare und gewaltsame) Subjektform eingelassen ist, zieht Butler jedoch nicht den Schluss, dass diese Rechte gänzlich zu verwerfen seien. Sie argumentiert, dass die minderen Anderen des souveränen Rechtssubjekts (wie Frauen, rassifizierte Andere, sexuelle Minderheiten), aber auch dessen verworfene »Gespenster« (wie etwa diejenigen, die der Norm der Zweigeschlechtlichkeit nicht entsprechen) sich in einem performativen Widerspruch mit ihren Forderungen auf diese Rechte berufen können, von denen sie eigentlich ausgeschlossen sind. Ein solches »fehlerhaftes« Aufrufen von Rechten kann wiederum den Effekt haben, diese Rechte umzuschreiben und eventuell in ihrer Geltung zu erweitern. (Vgl. CHU, 40)

Mit einem Beispiel aus *Haß spricht* lässt sich dieser Gedanke des performativen Widerspruchs verdeutlichen: 1955, als im US-amerikanischen Montgomery noch eine rassistische Gesetzgebung herrschte, weigerte sich Rosa Parks, ihren Sitzplatz im Bus für einen weißen Fahrgast frei zu machen. Ihre anschließende Verhaftung war der Auslöser für eine Welle von »Busprotesten« in Montgomery. Butler macht anhand dieses Beispiels geltend, dass auch Subjekte, die nicht strukturell dazu autorisiert sind, Rechte in Anspruch nehmen und damit performative Wirkungen hervorbringen können: »Als Rosa Parks im vorderen Abteil des Busses saß, hatte sie dazu kein vorgängiges Recht, das irgendeine Rassentrennungskonvention der Südstaaten garantiert hätte. Und trotzdem verlieh sie, indem sie ohne vorgängige Autorisierung Anspruch auf dieses Recht erhob, ebendieser Handlung eine gewisse Autorität und leitete den Umsturz der bestehenden Legitimitätscodes ein.« (HS, 230)

Terry Lovell greift dieses Beispiel auf und wendet ein, dass Butler nicht weiter kläre, inwiefern die Wirksamkeit von Rosa Parks' performativem Widerspruch nur über eine Betrachtung komplexer sozialer Prozesse zu begreifen ist. Butler deutet Rosa Parks' Weigerung als *Reiteration* im Sinne eines fehlerhaften oder falschen Aufrufens (HS, 230), da diese als Schwarze unter den rassistischen Gesetzen der 1950er-Jahre keine vorgängige Legitimität besaß, einen Anspruch auf diesen Sitzplatz zu behaupten. Lovell hält Butlers Formulierung, Parks habe dieser Handlung eine Autorität *verliehen* – she »*endowed* a certain authority on the act« (vgl. Lovell 2003, 2) –, für bezeichnend. Hier zeige sich Butlers Tendenz, gesellschaftlich-historische Handlungsfähigkeit mit einer abstrakten Konzeption von Performativität in eins zu setzen. Lovell macht deutlich, dass Rosa Parks' Möglichkeit, ihrer performativen Handlung eine gewisse Autorität zu verleihen, nur im Rahmen des historischen Kontexts erklärt werden kann, in dem die Legitimität der Rassentrennung bereits brüchig war und von verschiedenen Seiten angefochten wurde. (Vgl. Lovell 2003, 9)

Lisa Disch argumentiert wiederum, dass das Beispiel von Rosa Parks Butlers Argument verdeutliche, dass Handlungsfähigkeit keine Eigenschaft des Subjekts ist und dass Widerständigkeit immer in die Verhältnisse verstrickt ist, gegen die sie sich richtet. (Vgl. Disch 1999, 556) Disch untermauert dies durch den Verweis auf jenen Kontext sozialer Prozesse, den auch Lovell anführt: die bereits seit Längerem bestehende Praxis des zivilen Ungehorsams (sowohl von Parks selbst als auch von anderen) sowie die Suche politischer Aktivisten nach einer geeigneten Person, deren widerständige Performativität nicht sofort als Kriminalität gebrandmarkt würde. So war Parks keineswegs die Erste, die sich gegen die Busgesetze auflehnte. Allerdings erschien sie aufgrund ihres sozialen Status und ihres Habitus – einer anständigen, bescheidenen, ihren Lebensunterhalt durch ehrliche Arbeit bestreitenden Frau – sowie ihres bereits bestehenden Engagements in der Bürgerrechtsbewegung als diejenige, die ihren Widerstand gegen das Gesetz ehrerbietig und respektabel vollziehen konnte. Sie sei unter den verschiedenen Personen, die sich geweigert hatten, ihren Sitzplatz aufzugeben, diejenige, die am wenigsten den Stereotypen »schwarzer« Kriminalität entsprach. Es sei daher kein Zufall gewesen, dass ausgerechnet sie von den Aktivisten der Bürgerrechtsbewegung als Galionsfigur gewählt wurde. Ihr aufständischer Akt wurde insofern durch dieselben rassistischen Konventionen ermöglicht, gegen die er sich richtete. (Vgl. Disch 1999, 557)

Butler bewegt sich in ihren Texten zumeist auf einer Argumentationsebene, die auf die abstrakte Bestimmung von Möglichkeiten der Verschiebung symbolischer Normen zielt, und verzichtet weitgehend darauf, diese Möglichkeiten systematisch in einer bestimmten gesellschaftlichen Situation zu verorten. Lovells Kritik macht darauf aufmerksam, dass der Fokus von Butlers Thesen in spezifischer Weise begrenzt ist. Butler öffnet zwar den Blick für die Möglichkeit und Notwendigkeit der Anfechtung und Erweiterung von Kategorien und Normen; um dies jedoch als einen konkreten gesellschaftlichen Prozess erfassen zu können, müssen die sozialen Bedingungen eines solchen Prozesses noch genauer geklärt werden. (Vgl. auch McNay 1999; Lloyd 2008)

Was sich mit Butlers Konzept der Performativität jedoch sehr gut erfassen lässt, so Disch, ist die theoretische und politische Problematik der konstitutiven Verstricktheit jeden Widerstands in die Verhältnisse, gegen die er sich richtet. Wie bereits im Kontext der Debatten um die Homoehe angesprochen, ist dies ein wichtiges Moment der Reflexion politischen Handelns, das dazu beitragen kann, die Grenzen und ausschließenden Effekte politischer Forderungen in ihrem notwendigen Bezug auf eine gegebene Ordnung selbst zum Gegenstand politischen Handelns werden zu lassen. Das schon angeführte Argument Butlers, es könne nicht nur darum gehen, bislang ausgeschlossene Gruppen in eine bestehende Ordnung aufzunehmen, lässt sich nun auf die generelle Frage universalistischer Prinzipien und die damit verbundene Aufgabe beständiger kultureller Übersetzungsarbeit beziehen. Angesichts immer dichter werdender globaler Verstrickungen und Abhängigkeiten, vor dem Hintergrund kolonialer Geschichte sowie weltweiter Migrationsprozesse und damit verbundener Debatten um Integration und Zugehörigkeit, ist die Frage der Übersetzung und vor allem die mit dieser Übersetzung verbundene Herausforderung, die hegemoniale Ordnung selbst zu hinterfragen, eine existenzielle Frage. Sind wir nicht bereit, uns dieser Frage mit allen damit verbundenen Unsicherheiten zu stellen, nehmen wir es in Kauf, dass sie beständig mit Gewalt gelöst wird.

Dies ist allerdings keineswegs eine leichte Aufgabe. Mit Butler lässt sich ja gerade auch die affektive Verstricktheit, die leidenschaftliche Verhaftung des Subjekts in die Bedingungen seines Seins erfassen. Unsere Gewissheiten darüber, wie eine gute Welt aussehen sollte, sind buchstäblich inkorporiert, Teil unserer selbst. Die Anforderung, »unsere Vorstellung vom ›Menschlichen‹ für eine zukünftige Formulierung offen zu halten« (MdG, 352), beinhaltet insofern immer ein Risiko. Sie setzt die Bereitschaft und die Möglichkeit voraus, aufs Spiel zu setzen, was ich bin, und in Kauf zu nehmen, dass ich in der Begegnung mit anderen anders werde. Als ethische Aufgabe formuliert, bedeutet dies, auch denen, die mir Unbehagen bereiten, mit prinzipieller Aufgeschlossenheit zu begegnen – zumindest jedoch anzuerkennen, dass sie ebenfalls ein Recht auf Mitsprache bei der Gestaltung einer guten Welt haben. Dies heißt nun nicht, dass alles möglich sein muss, dass jede Position zu akzeptieren ist. Butler argumentiert, dass es durchaus die Möglichkeit gibt, Normen und Forderungen danach zu beurteilen, ob sie weitere Gewalt und Ausschlüsse implizieren oder ob sie sich gegen Gewalt und auf eine Erweiterung von Lebensmöglichkeiten richten. Dies ist bislang aber eher eine programmatische Aussage; wie solche Urteile gefällt und begründet werden können, gilt es noch näher zu diskutieren. Wie kompliziert dies allerdings ist und welche komplexen Fragen mit dieser Aufgabe verbunden sind, soll im folgenden Abschnitt angedeutet werden.

Butlers Arbeiten liefern in diesem Sinne keinen Fahrplan, sondern machen eher ein Feld der Aufgaben und Fragestellungen auf: Wie können offenbar konträre, sich vermeintlich gar gegenseitig ausschließende Standpunkte ausgehalten werden? Welche Herausforderungen stellt dies an emanzipatorische Bündnispolitik? Wie ist der Einfluss reaktionärer Positionen auf emanzipatorische Konzepte zu vermeiden? Wie ist zwischen reaktionären und emanzipatorischen Positionen zu unterscheiden? In ihren neueren Arbeiten diskutiert Butler solche Fragen beispielsweise anhand der Forderungen sexueller Minderheiten. Sie weist eindringlich darauf hin, dass diejenigen, die berechtigterweise Freiheit und Selbstbestimmung fordern, sensibel sein sollten gegenüber

Ausschlüssen, um sich nicht gegen andere Gruppen ausspielen zu lassen.

Ein Beispiel, an dem sich diese Problematik aktuell im deutschen Kontext verdeutlichen lässt, sind die Debatten um Gewalt gegen sexuelle Minderheiten und Transgender-Personen, in denen es die Tendenz gibt, dies als ein Problem der Homophobie und Gewaltbereitschaft junger muslimischer Männer zu verkürzen. Dadurch findet zum einen eine Homogenisierung und Festschreibung vermeintlicher kultureller Besonderheiten »der« Muslime statt. Zum anderen wird damit zugleich die heteronormative Melancholie der nichtmuslimischen Mehrheitsgesellschaft in ihrer Gewaltsamkeit verdrängt, ja sogar undenkbar gemacht. Für bestimmte Gruppen von sexuellen Minderheiten kann sich dadurch ein Zugang zur gesellschaftlichen Mitte eröffnen, in der sie als Beweis der Toleranz und Fortschrittlichkeit aufgenommen werden, allerdings nur um den Preis des Ausschlusses anderer Gruppen sexueller Minderheiten (als rassifizierte oder kulturalisierte Andere) sowie um den Preis, dass Fortschrittlichkeit und Rückständigkeit unter bestimmten Vorgaben inhaltlich gefüllt und zugleich kulturalisiert festgeschrieben werden.[17] Anhand der Diskussion der Einwanderungspolitik einiger westeuropäischer Staaten macht Butler deutlich, wie die Zuweisung von Homophobie an bestimmte Gruppen den Effekt hat, die Modernität und Aufgeschlossenheit des Westens über rassistische Zuschreibungen von Rückständigkeit an andere unter Beweis zu stellen. Auf die Dimension des politischen Handelns bezogen, sei es wichtig, Kämpfe für sexuelle Selbstbestimmung nicht in eine grundsätzliche Antinomie zu Kämpfen um religiöse Freiheit oder gegen Rassismus zu stellen: »Auf dem Spiel steht die Möglichkeit oder Unmöglichkeit des Zusammenfindens oder des Bündnisses […]; es geht um die Frage, ob der Kampf gegen Homophobie in Widerspruch zum Kampf gegen kulturelle und religiöse Rassismen stehen muss.« (RdK, 106)

Butlers Arbeiten sind in den Diskussionen um Politik, Ethik und Emanzipation nicht zuletzt deshalb so interessant, weil sie das kritische Potenzial des Humanismus und des liberalen Rechtverständnisses herausarbeiten und zugleich deren Grenzen erkennbar machen. Sie treibt die darin zentrale Vorstellung vom Menschen immer wieder an ihre Grenzen, um auf diese Weise das in ihr enthaltene kritische Potenzial zum Ansatzpunkt für eine erweiternde Durcharbeitung zu machen und dadurch diese Vorstellung selbst zur Disposition zu stellen. Eine historische Verortung der Konzeption des Menschlichen ist insofern integraler Bestandteil von Butlers Thesen; ihre Analysen werden nur vor dem Hintergrund konkreter gesellschaftlicher Kontexte verständlich.

Butler betont immer wieder die Bedeutung des gesellschaftlichen Kontexts. So zum Beispiel, wenn sie danach fragt, wie sich dem Subjekt ethische Probleme in bestimmter Weise stellen können: »Wenn ich frage: ›Was soll ich tun?‹ – beziehe ich mich dann nicht immer schon auf eine soziale Welt, in der ganz bestimmte Arten von Optionen möglich sind und andere nicht?« (KeG, 8) Allerdings beschränkt sie ihre Analyse des Sozialen weitgehend auf die Dimension des Symbolischen, auf die Frage, wie Optionen und Ausschlüsse durch Normen konfiguriert werden und wie diese Normen performativ reproduziert und verschoben werden können. Im Folgenden soll die Frage aufgeworfen werden, inwiefern diese spezifische Perspektive auf das Soziale letztlich zu abstrakt-allgemein ist und eventuell durch weitere Perspektiven erweitert werden müsste.

Es geht mir hier darum, drei Ansatzpunkte zu skizzieren, an denen mit Butlers theoretischen Angeboten und über diese hinaus weitergedacht werden kann. Als Ausgangspunkt für diese Überlegungen soll die Konzeption der Sozialität dienen, die nach Butler die Grundlage unseres Seins und unserer Handlungsfähigkeit ist. Im Anschluss an Spinoza fasst sie die leidenschaftliche Bindung des Subjekts an die Bedingungen seiner Existenz als ein Streben nach dem Beharren im eigenen Sein. Sie modifiziert Spinozas Annahme dabei allerdings insofern, als sie diese Existenz und ihre Bedingungen als sozial konstituiert begreift. Das Beharren im eigenen Sein ließe sich damit »als etwas beschreiben, über das sich nur unter den riskanten Bedingungen des gesellschaftlichen Lebens verhandeln läßt« (PdM 31). Daran anschließend soll hier nun diskutiert werden, inwiefern der Aspekt des Sozialen noch genauer – jenseits der Dimension der Normen – zu durchdenken ist: Was ist Sozialität, was ist entsprechend das eigene soziale Sein? Und schließlich: Lässt sich unser Beharren im eigenen Sein tatsächlich nur unter den Bedingungen des *gesellschaftlichen* Lebens verhandeln?

Als erster Ansatzpunkt dient die Frage, inwiefern das Begehren, im Sein zu beharren, näher spezifiziert werden muss: In welcher Weise konstituieren historische Macht-Wissen-Verhältnisse je spezifische Selbstverhältnisse, je spezifische ethische Haltungen? Wie im 2. Kapitel dargestellt, hält Butler die foucaultsche Genealogie der Macht für notwendig, um gegenüber den universalistischen Setzungen von Lacans Konzeption der symbolischen Ordnung die historisch-kulturelle Bedingtheit sozialer Phänomene – und damit auch der symbolischen Ordnung selbst – geltend zu machen. Zwar kann das Subjekt nur durch den Bezug auf die symbolische Ordnung intelligibel sein, diese Ordnung ist aber nicht als transkulturelle Konstante zu begreifen, sondern selbst in historischen Macht-Wissen-Regimen formiert. Dieser Aspekt der Formierung in spezifischen Verhältnissen ist bei Butler aber bislang zu wenig ausgeleuchtet. So ist beispielsweise immer wieder unklar, inwiefern ihre Begründung von Handlungsfähigkeit über die Verknüpfung von Iterabilität und Performativität eine spezifische historische Stellung des Subjekts zu den Normen impliziert. Mit Butler lässt sich das subjektive Motiv für widerständiges Handeln im Zorn über die Begrenzungen des eigenen Seins begründen; die von den symbolischen Kategorien der Intelligibilität ermöglichten Formen können als einschränkend erlebt werden und das Verlangen nach anderen, erweiterten Formen wecken. Saba Mahmood problematisiert allerdings, dass Butler dazu tendiere, Handlungsfähigkeit mit einem (gesellschaftlich konstituierten) Willen zum Widerstand gegen symbolische Normen gleichzusetzen. Dadurch bleibe sie einer binären Logik von Unterwerfung und Befreiung und damit letztlich auch der humanistisch-liberalen Konzeption des subjektiven Freiheitsstrebens verhaftet. (Mahmood 2005b, 123) Die foucaultschen Analysen der historischen Konstitution von Subjektivität aufgreifend, fragt Mahmood in ihrer ethnografischen Studie über eine Bewegung muslimischer Frauen (*women's mosque movement*) in Ägypten[18] nach den spezifischen Konzeptionen von Selbst und moralischer Handlungsfähigkeit in einem *nichtliberalen* Kontext. (Mahmood 2005a, 5) Im Anschluss an Foucaults Überlegungen zur historischen Konfiguration ethischer Dispositionen beleuchtet Mahmood die Effekte bestimmter epistemischer Regeln darauf hin, *wie* Subjekte ihr Sein begreifen und mit *welchen* (Selbst-)Praktiken sie demzufolge nach einem Beharren in diesem Sein streben. Foucault schlägt eine analytische Trennung von Moral und Ethik vor, um zu erfassen, dass moralische Vorschriften einerseits und die Art und Weise, wie sich die Individuen als moralisch handelnde Subjekte konstituieren (Ethik), andererseits in einem je historisch besonderen Verhältnis zueinander stehen. Mittels einer solchen Historisierung und Situierung ethischer Subjektivität zeichnet Mahmood nach, dass die Teilnehmerinnen der *women's mosque movement* einen spezifischen, vom humanistisch-liberalen Muster abweichenden Bezug auf Normen leben und entsprechend auch von anderen Handlungsbegründungen ausgehen. Interessant sei also nicht so sehr die Frage, ob beispielsweise die Normen der Tugendhaftigkeit affirmativ reproduziert oder subversiv verschoben werden, sondern vielmehr die radikal unterschiedliche Weise, in der der Bezug auf Normen gelebt und bewertet wird. So wird Tugendhaftigkeit von den Frauen der *mosque movement* nicht als ein (inneres) Charakteristikum des Subjekts verstanden, das es in unterschiedlichen Interpretationen zum Ausdruck bringen kann. Vielmehr liegt Tugendhaftigkeit für diese Frauen in den Praktiken des Subjekts begründet. Mahmood illustriert dies am Beispiel des Kopftuchs. Wird Tugendhaftigkeit als *Eigenschaft* erfahren, dann kann sie – muss aber nicht – durch das Tragen des Kopftuchs zum Ausdruck gebracht werden. Im Kontext der *mosque movement* erscheint Tugendhaftigkeit jedoch *in den Praktiken*, das praktische Einüben tugendhaften Verhaltens gilt als Mittel, um entsprechende Qualitäten im Subjekt *hervorzubringen*; das Tragen des Kopftuchs ist damit konstitutiver Bestandteil von Tugendhaftigkeit und nicht eine ihrer zahlreichen Ausdrucksmöglichkeiten. (Mahmood 2005a, 23) Performativität erzeugt bei diesen Subjekten offenbar nicht (rückwirkend) den Effekt eines natürlichen Kerns; sie erscheint als Modus, über den aktiv eine äußerliche Vorgabe als innerliche Qualität eingeübt wird. Handlungsbegründungen, individuelle Motive, ethische Perspektiven unterliegen entsprechend anderen Modi – was für die Verhandlungen über ein gutes Leben und die Aufgabe kultureller Übersetzung eine große Herausforderung darstellt.

Foucault rekonstruiert, inwiefern die spezifische Macht-Wissen-Ordnung der abendländischen Moderne ein Subjekt hervorbringt, das sich als durch die inneren Tiefen seines authentischen Wesens bestimmt erfährt. Eine wichtige Pointe seiner Subjektanalyse besteht darin, dass eine historische Ordnung der Wahrheit nicht nur spezifische Objekte der Erkenntnis hervorbringt, sondern zugleich auch ein *spezifisches Subjekt* der Erkenntnis, das in seiner historischen Form eine je besondere Stellung zur Wahrheit und zu Normen hat.

Butlers allgemeine Aussage, dass Menschen sich den Kategorien der symbolischen Ordnung unterwerfen müssen, um sozial intelligibel zu sein, lässt sich nun präzisieren: Wenn sich das humanistische Subjekt in seiner inneren, als natürlich erlebten Wahrheit begründet, kann es die ihm vorgegebenen sozialen Normen als nicht ganz zutreffend und deshalb als Beschränkung seines Seins erfahren. Zudem werden die historischen Bedingungen sichtbar, unter denen die von Butler herausgearbeitete notwendige Instabilität der Identität überhaupt erst in spezifischer Weise zum Problem und damit auch zum Ansatz für Widerständigkeit wird. Wenn individuelles Handeln als Ausdruck der inneren, essenziellen Verfasstheit des Subjekts erscheint, werden also Fragen der Begründung und Erklärung individueller Identität in besonderer Weise virulent. Dies impliziert wiederum eine spezifische Konstitution von Subjekt und Objekt, von Innerlichkeit und Äußerlichkeit. Performative Praktiken erhalten in dieser historischen Konstellation die spezifische Funktion der Darstellung und Interpretation jener inneren Wahrheit im Ringen um Anerkennung.

Indem Mahmood darauf hinweist, dass es soziale Kontexte gibt, in denen Praktiken nicht als Ausdruck einer inneren Qualität oder Identität erlebt werden, sondern als einübende Hervorbringung eines tugendhaften Lebens, wirft sie die Frage auf, inwiefern auch der Bezug auf Handlungsfähigkeit, politisches Handeln und Widerständigkeit in seiner je spezifischen Verortung und Konstitution verstanden werden muss. Dies formuliert sie weniger als einen Einwand gegen Butlers Entwürfe transformatorischer Performativität sowie ihrer Frage nach der (An-)Erkennbarkeit von Leben denn als eine Erweiterung dieser Problematik. Deutlich wird, dass es keine universelle ontologische Bestimmung widerständiger Praktiken geben kann und dass die in der Performativität und Iterabilität begründete Instabilität von Normen unter bestimmten Bedingungen Möglichkeiten für Widerständigkeit eröffnen. Werden Praktiken und Körperlichkeit jedoch nicht als Ausdruck oder Zeichen des Selbst, sondern als das Medium der Selbstkonstituierung erfahren, dann hat dies Konsequenzen für die Wirksamkeit subversiver Resignifizierungen: In diesem Kontext kann die strukturelle Stabilität von Normen nicht dadurch gebrochen werden, dass das Referenzsystem der Zeichen destabilisiert wird. Vielmehr bedarf es buchstäblich eines körperlichen Umlernens. (Vgl. Mahmood 2005a, 166)

Diese Fragen der spezifischen Architektur des Selbst betreffen – so wird auch in dem von Butler und Mahmood gemeinsam mit Talal Asad und Wendy Brown verfassten Band *Is Critique Secular?* deutlich – unmittelbar Fragen von Universalität, von Abhängigkeit und Verletzbarkeit sowie der Reichweite von rechtlichen Regulierungen zum Schutz vor Verletzungen. Die Verletztheit vieler Muslime durch die Mohammedkarikaturen, die eine dänische Zeitung 2005 veröffentlichte, verweist für Mahmood auf die Bedingtheit der Intelligibilität von Verletzungen, die auch Butler betont: »Eine Verletzbarkeit muß wahrgenommen und anerkannt werden, um in einer ethischen Begegnung eine Rolle zu spielen, und es gibt keine Garantie, daß dies geschehen wird.« (GL 60) Mahmood weitet die Problematik der Anerkennung jedoch auf die Dimension der epistemisch-diskursiven Syntax aus: Wer danach fragt, welche Normen das Menschliche und damit auch menschliche Verletzbarkeit umschreiben und erkennbar werden lassen, muss auch nach den spezifischen Bedingungen fragen, unter denen Normen als moralische Prämissen wirksam werden. Mahmood zufolge gibt es Formen der Verletzung, die in Begriffen und Konzepten des humanistisch-liberalen Rechts gar nicht als solche erkennbar sind. In dieses Rechtsverständnis sind bestimmte Vorstellungen über das Verhältnis zu Bildern und Symbolen eingelassen, die eine spezifische Distanz und Äußerlichkeit zwischen Subjekt und Objekt implizieren. Dies bringt wiederum die Erwartung hervor, dass alle Subjekte zwischen ihren individuellen religiösen Empfindungen und Überzeugungen einerseits und öffentlichen Aussagen und Darstellungen andererseits trennen können und sich insofern von Letzteren nicht persönlich verletzt fühlen sollten. Die heftigen Reaktionen vieler Muslime wurden im humanistisch-liberalen Rechtsverständnis daher nicht als Ausdruck von Verletztheit, sondern als irrationale Wut wahrgenommen. Das Problem ist also offenbar nicht nur, dass es keine Garantie gibt, dass eine Verletzung anerkannt wird, sondern dass diskursive Hegemonien in manchen Fällen eine Anerkennung strukturell verhindern. Mahmoods Frage, welche Verletzungen überhaupt in der Begrifflichkeit des Rechts intelligibel werden können, beleuchtet in diesem Sinne weitere Dimensionen von Butlers Annahme, dass der Bezug auf Universalität immer an eine bestimmte Syntax gebunden ist. Deutlich wird – was bei Butler durchaus angelegt ist –, dass dieser Begriff der Syntax auf eine Sozialität verweist, die über die Dimension der Normen hinausweist.

Butlers politische Stoßrichtung, das Subjekt zum Schauplatz ständiger Umdeutungen zu erklären und damit für bislang noch nicht autorisierte Wieder-Verwendungen oder Wieder-Einsätze zu öffnen, ist allerdings noch in einer weiteren Hinsicht zu historisieren und auf ihre Grenzen zu befragen. Mit Mahmood lässt sich problematisieren, ob und inwiefern »Identität« überhaupt für alle Subjekte ein politisches Schlüsselkonzept darstellt. Nun soll als zweiter Ansatzpunkt kritischen Weiterdenkens der Blick auf die Strukturen der kapitalistischen Produktionsweise und die mit ihnen verbundenen versachlichten Zwänge – Verwertungslogik, Konkurrenz – gerichtet werden.

Butlers Konzeption von Politik und Widerständigkeit als Praxis der Öffnung von Normen wirft das Problem auf, dass kritische Resignifikationen und die Flexibilisierung von Identitätskategorien, isoliert betrachtet, gesellschaftliche Hierarchisierungen höchstens verschieben, nicht aber überwinden können. Zugespitzt wird diese Kritik in dem Hinweis, dass sich solche performativen Resignifizierungen sogar nahtlos in die Flexibilisierungsanforderungen spätkapitalistischer Ökonomien einbinden lassen. (Vgl. Genschel 1996; Engel 2002; Woltersdorff 2004) Beschränkt sich feministische Kritik auf Strategien der Resignifizierung, dann verbleibt sie letztlich auf dem Feld der (nun dekonstruktivistisch geöffneten) Identitätspolitik, der es um das Einklagen eines nicht eingelösten

Versprechens formaler Gleichheit geht. Eine solche Verengung weist Butler immer wieder zurück; die Anerkennung einer Identität könne niemals zum Ziel emanzipatorischer Bestrebungen werden, da damit entscheidende Fragen nach den spezifischen sozialen Bedingungen der Anerkennung ausgeschlossen werden.

Die Frage, was unter dem Sozialen zu verstehen ist, soll noch in weiteren Dimensionen näher betrachtet werden. Butlers vereinzelte Hinweise auf die Bedeutung der ökonomischen Strukturen aufgreifend, können hier Karl Marx' Kapitalismusanalysen in Anschlag gebracht werden. (Vgl. Meißner 2010) Mit ihnen lässt sich erfassen, dass das Subjekt in der kapitalistischen Produktionsweise als privater Warenbesitzer in historisch singulärer Weise herausgefordert ist, autonom und souverän zu sein und seine Welt als Ansammlung ihm äußerlicher Bedingungen und Objekte zu begreifen, deren es sich bedienen kann und muss, um bestimmte Ziele zu erreichen. Zugleich bringt diese Produktionsweise hochkomplexe und versachlichte Abhängigkeitsverhältnisse hervor, die sowohl die Bedingungen als auch die Ziele dem souveränen Zugriff dieses Subjekts entziehen: In ihrer Autonomie sind die Subjekte in spezifischer Weise voneinander getrennte private Warenbesitzer, deren Verwiesenheit auf andere sich in krisenhaften und problematischen Dynamiken geltend macht, die sie als Subjekte nicht kontrollieren können. Die verallgemeinerte Konkurrenz der privaten, Waren besitzenden Subjekte impliziert zudem eine spezifische strukturelle Konfiguration intersubjektiver Verhältnisse, in der andere immer auch als Schranke und Gefahr für die eigenen Entfaltungsmöglichkeiten erscheinen. Dies stellt insofern eine strukturelle Grenze der Möglichkeiten kollektiven Handelns dar – und damit auch ein strukturelles Hindernis für die Anerkennung der fundamentalen Verletzbarkeit und der konstitutiven Aufeinanderverwiesenheit.

Mit den abstrakten Begriffen der Kapitalismusanalyse lässt sich insofern ein Zusammenhang benennen, der in unserer historischen Gegenwart *Verletzbarkeit in globalem Maßstab als Gewalt- und Herrschaftsverhältnisse strukturiert* und der nicht unmittelbar durch Resignifizierung veränderbar ist. Eine widerständige Arbeit an den Existenzbedingungen setzt die praktische Umgestaltung der Produktionsweise voraus, um bestimmte gewaltsame Grenzen, die diese den Lebensmöglichkeiten der Subjekte setzt, zu bearbeiten und zugleich strukturelle Hindernisse der Anerkennung von Verletzbarkeiten zu beseitigen.

Auch dies kann als eine Dimension der spezifischen historischen Syntax des Universalismus gefasst werden: Die kapitalistische Produktionsweise bringt als dynamischer Strukturzusammenhang Bedingungen hervor, die spezifische Formen des Subjekts und der Selbst-Welt-Verhältnisse hegemonial werden lassen.

Die von Butler angeführten riskanten Bedingungen des gesellschaftlichen Lebens sind also in verschiedenen Hinsichten über die Dimension der Normen hinaus zu präzisieren.

Es stellt sich zudem aber die Frage, ob das Beharren im eigenen Sein mit dem Bezug auf *soziale* Bedingungen und Dynamiken hinreichend erfasst werden kann. Als dritter Ansatzpunkt soll daher eine spezifische Grenzziehung in den Blick genommen werden, nämlich die Grenze zwischen dem Menschlichen und dem Nicht-Menschlichen, dem Sozialen und dem Nicht-Sozialen. Dies knüpft an Debatten an, denen zufolge an der Materialisierung der Wirklichkeit eine dissonante Vielfalt menschlich-sozialer, aber auch nicht menschlicher Aktivitäten beteiligt ist. In diesen im weitesten Sinne als *Material Feminisms* (Alaimo/Hekman 2008) verhandelten Diskussionen treten Butlers Arbeiten immer wieder als Bezugspunkt für Anknüpfungen und Abgrenzungen auf. So greift Karen Barad (2007; 2008) Butlers Konzept der Performativität auf, problematisiert allerdings, dass dies bei Butler auf die Dimension des Sozialen, auf menschliches Handeln begrenzt sei. Wenn man davon ausgehe, dass der Begriff »Mensch« keine vorgängige Entität beschreibe, sondern eben ein performativ hervorgebrachter ontologischer Effekt sei, dann können keine Bereiche oder Aktivitäten vorausgesetzt werden, die per definitionem menschlich sind. Folglich könne auch der Begriff des Diskursiven nicht durch Rekurs auf eine inhärente Unterscheidung zwischen Menschen und Nicht-Menschen als etwas Soziales definiert werden. (Vgl. Barad 2008, 136) Wie Butler bezieht sich Barad auf Foucaults Verständnis von »Diskurs«, mit dem nicht einfach Sprache gemeint ist, sondern die Bedingungen, die das, was sagbar ist, hervorbringen. Diese Bedingungen, so Barad, sind allerdings nicht ausschließlich sozial. Vielmehr umfassen sie je spezifische *materielle* Konfigurationen, an deren beständiger performativer Reproduktion eben nicht allein menschliche Aktivität beteiligt ist.

In eine ähnliche Richtung gehen Vicki Kirbys Überlegungen. (Kirby 1997; 2008) Sie problematisiert, dass Butler mit einem Verständnis von Kultur als geschlossenem System von Bedeutungen operiere und auf diese Weise letztlich noch in ihrer Kritik an der Natur-Kultur-Unterscheidung diese Differenz wieder aufrufe. Kirby greift Butlers These, dass *sex* immer schon *gender* ist, auf und problematisiert zum einen die Linearität der Erklärungskraft, die dem Kulturellen (*gender*) darin zugeschrieben wird. Zum anderen wendet sie ein, dass das Argument, Natur (*sex*) werde immer nur in kultureller Form (*gender*) intelligibel, zwar die Unmöglichkeit einer klaren Grenzziehung zwischen Begriff und Objekt deutlich mache. Diese Ununterscheidbarkeit werde dabei jedoch zugleich als ein dem Menschen inhärentes Problem aufgefasst, wodurch eine bestimmte Grenzziehung als unhintergehbare Conditio humana festgeschrieben werde. (Vgl. Kirby 2008, 221)

Butler begreift diese Einwände als Herausforderung, die Grenzen des Menschlichen auch im Hinblick auf anthropozentrische Setzungen zu durchdenken. In einem Gespräch mit Kirby räumt sie sein, dass sie zumindest in *Unbehagen der Geschlechter* den Vorrang des Kulturellen vor dem Natürlichen wahrscheinlich überbetont habe. (Vgl. Butler Live

2006, 144 f.) Ihre Konzeption der Materialisierung solle jedoch dem Umstand gerecht werden, dass unser Sein weder einfach natürlich noch einfach kulturell ist, sondern dass es vielmehr um eine gleitende Inter-Implikation von Zeichen und Körper gehe.

Deutlich wird, dass die Frage nach dem Verhältnis von Kultur und Natur noch keinesfalls abschließend beantwortet ist. Mit Butler lässt sich vielmehr vermuten, dass diese Frage gar nicht abschließend beantwortet werden kann, sondern dass es sich um eine kontingente, wiewohl höchst produktive Grenzziehung unserer Zeit handelt. Zumindest sollte biologistischen Annahmen nicht einfach eine Umkehrung der Erklärungskraft von der Natur auf die Kultur bzw. das Soziale entgegengehalten werden. (Vgl. KvG, 26 ff.) Wenn man die (auch in Butlers Konzeption von Materialisierung implizierte) Annahme ernst nimmt, dass es keine klaren vorgängigen Einheiten (Natur und Kultur) *gibt*, dann ist davon auszugehen, dass beides kosubstanziell ist und eine Differenz immer nur im Moment der Grenzziehung entsteht. Barad und Kirby fragen, ob diese Grenzziehungen sinnvollerweise als *menschliche* Aktivität zu fassen sind, und machen geltend, dass dies die Differenz von Kultur und Natur als menschliche Notwendigkeit festschreibt, wodurch wiederum Unerwartetes, Neues, Nicht-Antizipierbares in den Möglichkeiten unseres Seins unsichtbar wird. In gewisser Weise knüpfen sie damit auch an die von Butler formulierte These an, dass unsere Gewissheiten über das Menschliche radikal infrage gestellt werden müssen, um andere, unerwartete Lebensmöglichkeiten zu eröffnen.

Butler verabschiedet sich jedoch nicht eindeutig von der Unterscheidung zwischen Natur und Kultur. Zugleich warnt sie davor, der »Natur« oder dem »Biologischen« eine bestimmte kritische oder utopische Kraft zuzuschreiben. (Vgl. Butler Live 2006, 149) Hier lässt sich zum einen Butlers Hinweis aufgreifen, dass das Infragestellen (der Notwendigkeit) einer Kategorie oder einer Grenzziehung nicht bedeutet, diese für unwirklich zu erklären oder einfach zu verwerfen. Zum anderen macht Butler darauf aufmerksam, dass eine gewisse Gefahr dieser Debatte darin besteht, die Dichotomie von Kultur und Natur in ihrer Erklärungskraft einfach umzukehren. In diesem Sinne steht Kritik, die die Kontingenz der Grenzziehung von Natur und Kultur herausarbeitet und zugleich deren ontologische Effekte ernst nimmt, vor der Herausforderung, diese Grenzziehung in ihrer *sozialen* Bedingtheit wahrzunehmen und zugleich die Gewissheit dessen, was das Soziale ist, zu unterwandern.

Anmerkungen

1 Butlers Auseinandersetzung mit diversen Theoriequellen kann hier leider nur angedeutet werden; sie steht nicht im Mittelpunkt dieser Einführung. Dennoch soll sie zumindest ansatzweise miteinbezogen werden, um auch diese wichtige Facette von Butlers Werk erkennbar zu machen. Eher werkgeschichtlich orientierte Einführungen, die sich genauer mit Butlers Arbeit an und mit den verschiedenen Texten sowie mit der Entwicklung ihrer eigenen Argumentation im Verlauf der Zeit auseinandersetzen, finden sich bei Kirby (2006) und Lloyd (2007).

2 Eine einführende Vorstellung davon, was unter einer poststrukturalistischen Perspektive verstanden werden kann, bietet Weedon (1991).

3 »Behandlungsbedürftig« erscheinen Körper von Neugeborenen, die morphologisch nicht eindeutig als entweder männlich oder weiblich klassifizierbar sind; diese Kinder werden nach wie vor in der Regel medikamentös oder chirurgisch »behandelt«, wobei sich zunehmend Interessengruppen Gehör verschaffen können, die diese Eingriffe in die körperliche Unversehrtheit von Kindern ablehnen. (Vgl. Klöppel 2010) »Abweichungen«, die in spätmodernen westlichen Gesellschaften als zu tolerieren gelten (allerdings unter dem Vorbehalt, dass sie als Abweichungen besonderer Regulierung bedürfen), sind beispielsweise Homo- und Transsexualität. Butler macht aber deutlich, dass dieser Status als zu tolerierende Abweichung immer nur um ein Haar von gewaltsamer Intoleranz entfernt ist.

4 Ein in diesem Kontext naheliegendes Beispiel einer solchen widerständigen Aneignung ist die englische Bezeichnung von Homosexuellen als *queer*, die ursprünglich mit einer Abwertung (seltsam, leicht verrückt, fragwürdig) verbunden war, aber durch soziale Bewegungen als positive Eigenbezeichnung angeeignet und umgewertet wurde. (Vgl. Hark 1993; 2005)

5 Wie sie das vordergründig inkompatibel erscheinende Verhältnis der Machtanalysen Foucaults und der Psychoanalyse begreift,

bespricht Butler zum Beispiel in einem Interview mit Vikki Bell (2010).

6 Nicht alle Subjekte sind in gleichem Maße melancholisch, nicht jedes Subjekt mit heterosexueller Begehrensstruktur ist notwendigerweise melancholisch. Wie im folgenden Kapitel noch deutlicher wird, geht es beim Konzept der Melancholie darum, eine bestimmte Form der Identifizierung zu erfassen, die eine Gewissheit im Sinne einer vermeintlichen Kohärenz der Identität um den Preis verlorener Verluste erlangt.

7 Für eine Diskussion dieser Konzeption der Geschlechtermelancholie im Hinblick auf aktuelle soziokulturelle Phänomene siehe McRobbie (2010).

8 Vgl. exemplarisch die Diskussionen in hooks (1984), Rich (1989), Collins (1990).

9 Zwangssterilisationen sind weltweit ein wichtiges Instrument bevölkerungspolitischer Maßnahmen, das in verschiedenen historischen und gesellschaftlichen Kontexten unterschiedliche marginalisierte Gruppen betraf und betrifft. Eine Darstellung der komplexen und nicht eindeutigen Zusammenhänge von (reproduktiver) Selbstbestimmung und Bevölkerungspolitik in der aktuellen globalen Situation findet sich bei Schultz (2006).

10 Zu den Paradoxien von Identitätspolitik siehe Hark (1999).

11 Am Beispiel von Drag-Praxen diskutiert Butler, inwiefern diese die performative »Natur« des Geschlechts dramatisieren und damit zugleich die Zweigeschlechtlichkeit als umkämpftes Feld deutlich machen. (Vgl. UdG, 201 ff.) »Der Witz an Drag ist nicht bloß die Aufführung eines vergnüglichen und subversiven Schauspiels, sondern eine Allegorisierung der spektakulären und folgenschweren Art und Weise, in der Realität sowohl reproduziert als auch angefochten wird.« (MdG, 346) In kritischem Anschluss (unter anderem) an Butler fragt Uta Schirmer (2010), inwiefern kollektive subkulturelle Praxen in der Drag-Szene es ermöglichen, nicht nur die hegemonialen Normen zu destabilisieren, sondern auch andere (im Sinne der Geschlechternormen subversive) Körperlichkeiten und geschlechtliche Selbstverhältnisse als Wirklichkeit erfahrbar werden zu lassen.

12 Zur kritischen Diskussion der Homoehe in Deutschland siehe beispielsweise die Beiträge in Bubeck (2000).

13 Sabine Hark schlägt vor, eine feministische Praxis der Kritik als »Aufstand auf der Ebene der Ontologie« im Sinne einer *Grenz-haltung* zu verstehen, die der Alternative von Außen und Innen zu entgehen sucht. (Vgl. Hark 2009)

14 Der Affekt der Trauer kann wiederum im Rahmen der herrschenden Ordnung als Rechtfertigung für Gewalt herangezogen werden. Auf dieses Problem machte eine Reihe von Aktionen in New York unter dem Motto »*Our grief is not a cry for war*« aufmerksam. Die Trauer sollte nicht als Ruf nach Rache verstanden werden und nicht zur Legitimierung eines Krieges dienen.

15 Schon in den 1970er Jahren formulierten Susanne Kessler und Wendy McKenna im US-amerikanischen Kontext aus ethnomethodologischer Perspektive eine grundsätzliche Kritik an der Annahme einer universellen biologischen Zweigeschlechtlichkeit. (Kessler/McKenna 1978) Nach wie vor in der deutschen Debatte kaum bekannt sind die Arbeiten der materialistischen Feministinnen in Frankreich, die etwa zeitgleich die Natürlichkeit dieser Differenz infrage stellten. (Vgl. z. B. Questions féministes 1/1977)

16 Für eine aktuelle Bestandsaufnahme der Butler-Rezeption siehe Kilian 2010.

17 Im Juni 2010 lehnte Butler den Zivilcouragepreis des Berliner CSD e.V. ab und begründete dies nicht zuletzt damit, dass einige der Veranstaltenden sich explizit rassistisch geäußert bzw. sich nicht von solchen Äußerungen distanziert haben.

18 In der *women's mosque movement*, die als Teil des *Islamic Revival* (des Wiederauflebens islamischer Traditionen und Praktiken als Gegenbewegung zu einer als »Verwestlichung« empfundenen Entwicklung) zu verstehen ist, versammeln sich in den urbanen Zentren Ägyptens Frauen, um gemeinsam den Koran und andere religiöse Schriften zu studieren. (Mahmood 2005a, 2 ff.) Mahmood macht sehr deutlich, dass diese Bewegung nicht »den« Islam repräsentiert. Sie versteht den Islam als *diskursive Tradition*, nicht als eine einzige und einheitliche kulturelle Formation. (Mahmood 2009, 147)

Siglen

AV: Antigones Verlangen. Verwandtschaft zwischen Leben und Tod

CHU: Contingency, Hegemony, Universality. Contemporary Dialogues on the Left

GL: Gefährdetes Leben. Politische Essays

HS: Haß spricht. Zur Politik des Performativen

KA: Krieg und Affekt

KeG: Kritik der ethischen Gewalt

KG: Kontingente Grundlagen: Der Feminismus und die Frage der »Postmoderne«. In: Seyla Benhabib u. a.: Der Streit um Differenz. Feminismus und Postmoderne in der Gegenwart

KvG: Körper von Gewicht

MdG: Die Macht der Geschlechternormen

NKM: Noch einmal: Körper und Macht. In: Axel Honneth, Martin Saar (Hg.): Michel Foucault. Zwischenbilanz einer Rezeption

PdM: Psyche der Macht. Das Subjekt der Unterwerfung

RDK: Raster des Krieges. Warum wir nicht jedes Leid beklagen

SL: Für ein sorgfältiges Lesen. In: Seyla Benhabib u. a.: Der Streit um Differenz. Feminismus und Postmoderne in der Gegenwart

UdG: Das Unbehagen der Geschlechter

ZdG: Zwischen den Geschlechternormen. Eine Kritik der Gendernormen. In: Aus Politik und Zeitgeschichte - B 33-34, 2002

Kommentierte Bibliografie

1. Primärliteratur

a) Hauptwerke

Subjects of Desire. Hegelian Reflections in Twentieth-Century France. New York, 1987.

Das Unbehagen der Geschlechter. Frankfurt a. M., 1991. (*Gender Trouble, 1990.*)

Körper von Gewicht. Frankfurt a. M., 1997. (*Bodies That Matter: On the Discursive Limits of »Sex«, 1993.*)

Psyche der Macht. Das Subjekt der Unterwerfung. Frankfurt a. M., 2001. (*The Psychic Life of Power: Theories of Subjection, 1997.*)

Antigones Verlangen. Verwandtschaft zwischen Leben und Tod. Frankfurt a. M., 2001. (*Politics and Kinship. Antigone for the Present, 2001.*)

Kritik der ethischen Gewalt. Frankfurt a. M., 2003. (*Giving an Account of Oneself, 2005.*)

Gefährdetes Leben. Politische Essays. Frankfurt a. M., 2005. (*Precarious Life. The Politics of Mourning and Violence, 2004.*)

Haß spricht. Frankfurt a. M, 2006. (*Excitable Speech: A Politics of the Performance, 1997; deutsche Erstauflage 1997.*)

Sprache, Politik, Zugehörigkeit (mit Gayatri Chakravorty Spivak). Zürich/Berlin, 2007. (*Who Sings the Nation State? Language, Politics and Belonging, 2007.*)

Krieg und Affekt. Zürich/Berlin, 2009.

Die Macht der Geschlechternormen. Frankfurt a. M., 2009. (*Undoing Gender, 2004.*)

Raster des Krieges. Warum wir nicht jedes Leid beklagen. Frankfurt a. M, 2010. (*Frames of War: When is Life Grievable?, 2009.*)

b) Im Text erwähnte Bände in Koautorschaft

Seyla Benhabib, Judith Butler, Drucilla Cornell, Nancy Fraser: Der Streit um Differenz. Feminismus und Postmoderne in der Gegenwart. Frankfurt a. M., 1993.

Judith Butler, Ernesto Laclau, Slavoy Žižek: Contingency, Hegemony, Universality. Contemporary Dialogues on the Left. London / New York, 2000.

Wendy Brown, Judith Butler, Talal Asad, Saba Mahmood: Is Critique Secular? Berkeley, 2009.

c) Aufsätze in Sammelbänden und Fachzeitschriften

Hier sind Texte aufgeführt, die in deutschsprachigen Veröffentlichungen erschienen sind. Eine ausführliche Bibliografie ist online zugänglich: http://www.egs.edu/faculty/judith-butler/biography/

Geschlechtsideologie und phänomenologische Beschreibung. Eine feministische Kritik an Merleau-Pontys *Phänomenologie der Wahrnehmung*. In: Silvia Stoller und Helmuth Vetter (Hg.): Phänomenologie und Geschlechterdifferenz. Wien, 1997.

Weitere Reflexionen zu Hegemonie und Gender. In: Oliver Machart (Hg.): Das Undarstellbare in der Politik. Zur Hegemonietheorie Ernesto Laclaus. Wien, 1998.

Was ist Kritik? Ein Essay über Foucaults Tugend. In: Deutsche Zeitschrift für Philosophie. 2, 2002, S. 249–265.

Zwischen den Geschlechternormen. Eine Kritik der Gendernormen. In: Aus Politik und Zeitgeschichte. B 33–34, 2002.

Noch einmal: Körper und Macht. In: Axel Honneth, Martin Saar (Hg.): Michel Foucault. Zwischenbilanz einer Rezeption. Frankfurt a. M, 2003, S. 52–67.

Uneigentliche Objekte. In: Gabriele Dietze, Sabine Hark (Hg.): Gender Kontrovers. Genealogien und Grenzen einer Kategorie. Königstein/Taunus, 2006.

Kritik, Zwang und das heilige Leben in Walter Benjamins »Zur Kritik der Gewalt«. In: Susanne Krasmann und Jürgen Martschukat (Hg.): Rationalitäten der Gewalt. Bielefeld, 2007.

d) Interviews in Fachzeitschriften

Diese Interviews bieten gute Einblicke in bestimmte Aspekte von Butlers Werk; wo jeweils der inhaltliche Schwerpunkt liegt, lässt sich den Titeln entnehmen.

How Bodies Come to Matter: An Interview with Judith Butler. Irene
    Costera Meijer und Bauke Prins. In: Signs: Journal of Women in
    Culture and Society. Vol. 23, Nr. 2, 1998, S. 275–286.
On Speech, Race and Melancholia (Interview by Vikki Bell). In: The-
    ory, Culture and Society. Vol. 16(2), 1999, S. 163–174.
Eine Welt, in der Antigone am Leben geblieben wäre. Interview mit
    Carolin Emcke und Martin Saar. In: Deutsche Zeitschrift für Philo-
    sophie 49, 2001, S. 589–599.
Changing the Subject: Judith Butler's Politics of Radical Resigni-
    fication. In: Sara Salih (Hg.): The Judith Butler Reader. Malden/
    Oxford/Victoria, 2004, S. 325–356.
Butler Live. Interview with Vicki Kirby. In: Vicki Kirby: Judith Butler:
    Live Theory. London / New York, 2006, S. 144–158.
New Scenes of Vulnerability, Agency and Plurality. An Interview with
    Judith Butler (Vikki Bell). In: Theory, Culture and Society. Vol.
    27(1), 2010, S. 130–152.

2. Sekundärliteratur

a) Zitierte Literatur

Stacy Alaimo und Susan Hekman (Hg.): Material Feminisms. Bloo-
    mington, IN, 2008.
Evelyn Annuß: Grenzen der Geschlechterforschung. In: Feministi-
    sche Studien 1, 1999, S. 93–104.
Karen Barad: Meeting the Universe Halfway: Quantum Physics and
    the Entanglement of Matter and Meaning. Durham, NC, 2007.
Karen Barad: Posthumanist Performativity: Toward an Understanding
    of How Matter Comes to Matter. In: Stacy Alaimo and Susan Hek-
    man (Hg.): Material Feminisms. Bloomington, IN, 2008, S. 120–154.
Regina Becker-Schmidt und Gudrun-Axeli Knapp (Hg.): Das Ge-
    schlechterverhältnis als Gegenstand der Sozialwissenschaften.
    Frankfurt a. M. / New York, 1995.
Ilona Bubeck (Hg.): Unser Stück vom Kuchen? Zehn Positionen gegen
    die Homo-Ehe. Berlin, 2000.
Patricia Hill Collins: Black Feminist Thought: Knowledge, Conscious-
    ·ness, and the Politics of Empowerment. Boston, 1990.
Lisa Disch: Judith Butler and the Politics of the Performative. In: Poli-
    tical Theory, Vol. 27, Nr. 4, 1999, S. 545–559.

Antke Engel: Wider die Eindeutigkeit. Sexualität und Geschlecht im Fokus queerer Politik der Repräsentation. Frankfurt a. M. / New York, 2002.

Michel Foucault: Überwachen und Strafen. Frankfurt a. M., 1977.

Michel Foucault: Dispositive der Macht. Berlin, 1978.

Michel Foucault: Die Ordnung des Diskurses. Frankfurt a. M., 1991.

Corinna Genschel: Fear of a Queer Planet. Dimensionen lesbisch-schwuler Gesellschaftskritik. In: Das Argument 216, Heft 4, 1996, S. 525–537.

Regine Gildemeister und Angelika Wetterer: Wie Geschlechter gemacht werden. Die soziale Konstruktion der Zweigeschlechtlichkeit und ihre Reifizierung in der Frauenforschung. In: Gudrun-Axeli Knapp und Angelika Wetterer (Hg.): Traditionen Brüche. Entwicklungen feministischer Theorie. Freiburg i. Br., 1992, S. 201–250.

Carol Hagemann-White: Sozialisation: Weiblich – männlich? Opladen, 1984.

Carol Hagemann-White: Wir werden nicht zweigeschlechtlich geboren ... In: Carol Hagemann-White und Maria S. Rerrich (Hg.): FrauenMännerBilder. Männer und Männlichkeit in der feministischen Diskussion. Bielefeld, 1988, S. 224–235.

Sabine Hark: Queer Interventionen. In: Feministische Studien Heft 1, 1993, S. 103–109.

Sabine Hark: *deviante* Subjekte. Die paradoxe Politik der Identität. Völlig überarbeitete Neuauflage. Opladen, 1999.

Sabine Hark: Queer Studies. In: Christina von Braun und Inge Stephan (Hg.): Gender@Wissen. Köln, 2005, S. 285–303.

Sabine Hark: Was ist und wozu Kritik? Über Möglichkeiten und Grenzen feministischer Kritik heute. In: Feministische Studien 27/1, 2009, S. 22–35.

bell hooks: Feminist Theory: From Margin to Center. Boston, 1984.

Suzanne Kessler und Wendy McKenna: Gender: an ethnomethodological approach, New York, 1978.

Eveline Kilian: Ein folgenreicher Paradigmenwechsel: Zwanzig Jahre Judith Butler. In: Freiburger Geschlechter Studien 24, 2010, S. 95–108.

Vicki Kirby: Telling Flesh: The Substance of the Corporeal. New York, 1997.

Vicki Kirby: (Con)founding »the Human«: Incestuous Beginnings. In: Noreen Giffney und Myra J. Hird (Hg.): Queering the Non/Human. Aldershot/Burlington, VT, 2008, S. 35–54.

Ulrike Klöppel: XXOXY ungelöst. Hermaphroditismus, Sex und Gender in der deutschen Medizin. Eine historische Studie zur Intersexualität. Bielefeld, 2010.

Hilge Landweer und Mechthild Rumpf: Kritik der Kategorie »Geschlecht«. Streit um Begriffe, Streit um Orientierungen, Streit der Generationen? Einleitung. In: Feministische Studien Heft 1, 1993, S. 3–9.

Moya Lloyd: Towards a cultural politics of vulnerability: precarious lives and ungrievable deaths. In: Terrell Carver und Samuel A. Chambers (Hg.): Judith Butler's Precarious Politics. Critical Encounters. New York u. a., 2008, S. 92–105.

Terry Lovell: Resisting with Authority: Historical Specificity, Agency and the Performative Self. In: Theory, Culture & Society, Vol. 20(1), 2003, S. 1–17.

Saba Mahmood: Politics of Piety. The Islamic Revival and the Feminist Subject. Princeton, 2005a.

Saba Mahmood: Feminist Theory, Agency, and the Liberatory Subject. In: Fereshteh Nouraie-Simone (Hg.): On Shifting Ground. Muslim Women in the Global Era. New York, 2005b, S. 111–152.

Saba Mahmood: Religious Reason and Secular Affect: An Incommensurable Divide? In: Wendy Brown, Judith Butler, Talal Asad, Saba Mahmood: Is Critique Secular? Berkeley, 2009, S. 64–100.

Lois McNay: Subject, Psyche and Agency. The Work of Judith Butler. In: Theory, Culture & Society, Vol. 16(2), 1999, S. 175–193.

Angela McRobbie: Top Girls. Feminismus und der Aufstieg des neoliberalen Geschlechterregimes. Hg. von Sabine Hark und Paula-Irene Villa. Wiesbaden, 2010.

Hanna Meißner: Jenseits des autonomen Subjekts. Zur gesellschaftlichen Konstitution von Handlungsfähigkeit im Anschluss an Butler, Foucault und Marx. Bielefeld, 2010.

Patricia Purtschert: Feministischer Schauplatz umkämpfter Bedeutungen. Zur deutschsprachigen Rezeption von Judith Butlers »Gender Trouble«. In: Widerspruch 2003/44, S. 147–158.

Questions féministes, Nr. 1, Paris, 1977.

Adrienne Rich: Zwangsheterosexualität und lesbische Existenz. In: Elisabeth List und Herlinde Studer (Hg.): Denkverhältnisse. Feminismus und Kritik. Frankfurt a. M., 1989, S. 244–278.

Uta Schirmer: Geschlecht anders gestalten. Drag Kinging, geschlechtliche Selbstverhältnisse und Wirklichkeiten. Bielefeld, 2010.

Susanne Schultz: Hegemonie Gouvernementalität Biomacht. Reproduktive Risiken und die Transformation internationaler Bevölkerungspolitik. Münster, 2006.

Elisabeth Tuider: Körpereventualitäten. Der Körper als kultureller
Konstruktionsschauplatz. In: Hildegard Macha und Claudia Fahrenwald (Hg.): Körperbilder zwischen Natur und Kultur. Interdisziplinäre Beiträge zur Genderforschung. Opladen, 2003, S. 43–68.

Paula-Irene Villa: Sexy Bodies. Eine soziologische Reise durch den
Geschlechtskörper. Opladen, 2000.

Chris Weedon: Wissen und Erfahrung. Feministische Praxis und
poststrukturalistische Theorie. Zürich/Dortmund, 1991.

Volker Woltersdorff: Zwischen Unterwerfung und Befreiung. Zur
Konstruktion schwuler Identität im Coming out. In: Urte Helduser, Daniela Marx, Tanja Paulitz, Katharina Pühl (Hg.): under construction. Feministische Konstruktivismen in Theoriedebatten,
Forschungs- und Alltagspraxis. Frankfurt a. M. / New York, 2004,
S. 138–149.

b) Einführungen (deutsch- und englischsprachig)

Hannelore Bublitz: Judith Butler zur Einführung. Hamburg, 2000. –
Der Fokus dieser Einführung liegt vor allem auf den sprach- und
diskurstheoretischen Dimensionen und Implikationen, die Butlers
Arbeiten für die feministische (und) politische Theorie aufwerfen.

Lars Distelhorst: Judith Butler. Paderborn, 2009. – Die bislang jüngste
deutschsprachige Einleitung, in der entsprechend auch die neueren Arbeiten von Butler aufgenommen und diskutiert werden. Anhand der drei Themenfelder: Geschlecht, Subjekt / Anerkennung
und Ethik / globale Politik wird Butlers Werk in Theorietraditionen
eingeordnet und dargestellt.

Vicki Kirby: Judith Butler: Live Theory. London / New York, 2006. –
In einer werkgeschichtlichen Abfolge werden zentrale Motive von
Butlers Werk entfaltet und kritisch diskutiert. Recht voraussetzungsvoll, gerade weil die Autorin die Einführung mit eigenen provokativen Anfragen an Butlers Thesen und Argumente verknüpft.

Moya Lloyd: Judith Butler. From Norms to Politics. Cambridge/Malden, 2007. – Umfangreichste der hier vorgestellten Einführungen.
Kerngedanken aus Butlers Werk werden in ihrer werkgeschichtlichen Entwicklung und Modifikationen dargestellt und Butlers

theoretische Bezüge recht ausführlich diskutiert. Zugleich ist die einführende Darstellung mit einer kritischen Reflexion von Butlers Werk verbunden und geht auf weiterführende Debatten ein, die durch ihre Thesen ausgelöst worden sind.

Sara Salih: Judith Butler. London / New York, 2002. – Anhand von Schlüsselkonzepten (Subjekt, Gender, Sex, Sprache, Psyche) wird die Bedeutung von Butlers Arbeiten vorgestellt und diskutiert.

Paula-Irene Villa: Judith Butler. Frankfurt a. M. / New York, 2003. – Sehr verständlich geschriebene Einführung, die die subjekttheoretischen und politischen Implikationen von Butlers Thesen auf die Frage der Geschlechterdifferenz bezogen darstellt und Butlers Einfluss auf das Feld der *Queer Theory* und *Queer Politics* diskutiert.

c) Monografien und Sammelbände

Diese Monografien und Sammelbände setzen sich explizit mit Butlers Arbeiten auseinander. Ohne einen Anspruch auf Vollständigkeit zu erheben, soll diese Auflistung einen gewissen Einblick in die kritisch-produktiven Diskussionen vermitteln, die in unterschiedlichsten Feldern und Disziplinen im Anschluss an Butler geführt werden.

Ellen T. Armour und Susan M. St. Ville (Hg.): Bodily Citations. Religion and Judith Butler. New York, 2006.

Terrell Carver und Samuel A. Chambers (Hg.): Judith Butler's Precarious Politics. Critical Encounters. London / New York, 2008.

Terrell Carver und Samuel A. Chambers: Judith Butler and Political Theory. Troubling Politics. London / New York, 2008.

Christine Hauskeller: Das paradoxe Subjekt. Unterwerfung und Widerstand bei Judith Butler und Michel Foucault. Tübingen, 2000.

Isabell Lorey: Immer Ärger mit dem Subjekt. Theoretische und politische Konsequenzen eines juridischen Machtmodells: Judith Butler. Tübingen, 1996.

Margaret Sönser Breen und Warren Blumenfeld (Hg.): Butler Matters. Judith Butler's Impact on Feminist and Queer Studies. Burlington, 2005.

Annika Thiem: Unbecoming Subjects. Judith Butler, Moral Philosophy, and Critical Responsibility. New York, 2008.

Nicole Wachter: Interferenzen. Zur Relevanz dekonstruktiver Reflexionsansätze für die Gender-Forschung. Wien, 2001.

Schlüsselbegriffe

Dekonstruktion Das auf Derrida zurückgehende Konzept der Dekonstruktion zielt darauf, die Grenzen erkennbar zu machen, die der Logik eines Systems immanent sind. Aufgezeigt wird, inwiefern eine solche Logik in ihrer vermeintlichen Kohärenz und Ursprünglichkeit immer nur durch die Verwerfung eines Außen definiert ist, das wiederum als abgewerteter Gegensatz konstituiert wird. In einem ersten Schritt wird die bislang abgewertete Seite hervorgehoben und aufgewertet. Da eine solche Aufwertung jedoch weiterhin im System der Dichotomie verhaftet bleibt, gilt es in einem zweiten Schritt eine Verschiebung vorzunehmen, bei der die bislang abgewertete Seite im Inneren des dominanten Parts verortet wird, um dadurch dessen konstitutive Abhängigkeit vom minderen Anderen erkennbar werden zu lassen.

Diskurs Butlers Verwendung dieses Begriffs geht auf Michel Foucault zurück. Sprache wird dabei als produktive Instanz begriffen, die Dinge in ihrer spezifischen Form und Bedeutung hervorbringt. Mit dem Begriff des Diskurses wird die Ordnung erfasst, die eine solche produktive Wirkung von Sprache ermöglicht, indem sie ein Regelsystem vorgibt. Innerhalb dieses Systems werden bestimmte Aussagen möglich, während zugleich andere Aussagen als unsinnig erscheinen.

Heteronormativität Mit dem Begriff der Heteronormativität wird der normative und politische Aspekt der heterosexuellen Matrix hervorgehoben. Die scheinbar natürliche Verknüpfung von körperlichem Geschlecht, sozialem Geschlecht und heterosexuellem Begehren lässt sich als ein machtdurchzogenes Diskursregime erfassen, das nicht nur die Intelligibilität der Subjekte strukturiert, sondern auch in gesellschaftliche Institutionen und soziales Handeln eingelassen ist. Der Aspekt der Normativität verweist zudem auf das Herrschaftsverhältnis, das Heterosexualität als naturgegebene Norm etabliert und andere Formen von Körperlichkeit, Identität und Begehren als Abweichungen oder Pathologien erscheinen lässt.

Heterosexuelle Matrix Eine Figuration der symbolischen Ordnung, die als diskursiv-epistemisches Raster die Intelligibilität der Subjekte an eine Geschlechtsidentität (Mann oder Frau) bindet und deren Körper in einem binären Muster als Geschlechtskörper (männlich oder weiblich) erscheinen lässt. Dieses Raster stellt eine spezifische Verbindung zwischen körperlichem Geschlecht (*sex*), sozialem Geschlecht (*gender*) und Begehren (*desire*) her und naturalisiert diese Kopplung: Das (sexuelle) Begehren richtet sich – als heterosexuelles Begehren – auf das jeweils andere Geschlecht und ist daher unmittelbar mit dem sozialen Geschlecht verbunden, das wiederum auf dem körperlichen Geschlecht beruht. Die vermeintliche Naturgegebenheit dieser Verbindung begründet sich durch eine weitere Verknüpfung, nämlich der von Begehren, Sexualität und Fortpflanzung.

Intelligibilität Mit diesem Begriff erfasst Butler gewissermaßen den produktiven Effekt von Diskursen: Intelligibel sein heißt, in einem bestimmten historisch-kulturellen Kontext sinnvoll erkennbar, verstehbar zu sein. Für das Subjekt bedeutet Intelligibilität, für sich und andere erkennbar und anerkennbar zu sein – und damit überhaupt als Subjekt lebensfähig zu sein.

Iterabilität Dieser Begriff bezeichnet eine Verschiebung des Sinngehalts einer Äußerung in und durch ihre Wiederholung. Derrida geht davon aus, dass die performative Wirkung von Sprache darauf beruht, dass Äußerungen eine codierte Ordnung zitieren und diese dadurch reproduzieren. Mit dem Begriff der Iterabilität erfasst er, dass diese Wiederholung zugleich eine Veränderung impliziert, denn jede Äußerung findet – schon allein zeitlich oder räumlich – in einem je eigenen Kontext statt. Zudem könne jedes Zeichen oder jeder Begriff auch aus seinem Bedeutungskontext herausgelöst und in einen anderen Kontext gestellt werden und dadurch eine Sinnverschiebung erhalten.

Macht Von Foucault übernimmt Butler die Annahme, dass Macht kein Besitz bestimmter Institutionen, Gruppen oder Subjekte ist und auch nicht einseitig (von »oben« nach »unten«) ausgeübt wird. Sie besteht immer in Wirkungen und Gegenwirkungen und ist insofern nicht in erster Linie eine Unterdrückungsinstanz, sondern entfaltet produktive – im Sinne von wirklichkeitskonstituierenden – Effekte.

Phallogozentrismus Das auf Derrida zurückgehende Konzept bezeichnet ein spezifisches Denkens im christlichen Abendland, das
von der vorgängigen Präsenz einer Substanz ausgeht, die durch Zeichen (Worte) nachträglich repräsentiert wird (Logozentrismus). Der
Begriff »Logos« bezeichnet einen Ursprung, eine zentrale Struktur,
die dem Vernunftprinzip dieser abendländischen Metaphysik als Basis für Erklärungen gilt und insofern transzendental ist. Logozentri-
sches Denken operiert in dichotomen Gegensätzen: Die Präsenz
(etwa: der Mensch, der Mann, der Geist) erscheint als Gegebenheit,
von der jeweils ein verworfenes Minderes abgeleitet zu sein scheint
(Nicht-Mensch, Frau, Körper). Mit der Verknüpfung von Logos und
Phallus wird erfasst, dass der Mann in diesem Denken mit dem Menschen gleichgesetzt wird und die Frau als bloße Abweichung erscheint. Diese Asymmetrie durchzieht alle Dichotomien, deren Elemente jeweils männlich bzw. weiblich konnotiert sind.

Performativität Kraft der Bezeichnung bringen performative Akte
soziale Realität hervor, die durch Prozesse der ständigen zitierenden
Wiederholung eine gewisse Festigkeit erhält.

Poststrukturalismus Der Begriff des Poststrukturalismus impliziert
ein kritisches Anknüpfen an die theoretische Perspektive des Strukturalismus. Geteilter Bezugspunkt ist die Erklärung sozialer Phänomene durch die Rekonstruktion struktureller Zusammenhänge, innerhalb deren diese Phänomene erst als solche erscheinen und ihre
Bedeutung erhalten. Während der Strukturalismus jedoch von universellen Strukturen ausgeht (zum Beispiel von der Struktur des Ver-
wandtschaftssystems) und daher einen geschlossenen, ahistorischen
Begriff dieser Struktur hat, gehen poststrukturalistische Ansätze davon aus, dass Strukturen immer dynamisch und instabil sind. Bedeutungen seien nie völlig vom konkreten historisch-kulturellen Kontext
zu abstrahieren und es gebe daher auch keine universellen, den unterschiedlichen Kulturen und Zeiten vorgängige Strukturen.

Queer Der Begriff »Queer« vereint politische und akademische Projekte, die heterosexuelle Normalisierungen und identitätspolitische
Strategien kritisch hinterfragen. Als politische Selbstbezeichnung beruht er auf der subversiven Aneignung einer abschätzigen Bezeichnung für Homosexuelle. Diese Selbstbezeichnung kam gegen Ende

der 1980er-Jahre in den USA auf, um einerseits die Solidarität von Schwulen und Lesben angesichts gesellschaftlicher Ausgrenzung im Zuge der AIDS-Epidemie zu stärken und andererseits der Erfahrung gerecht zu werden, dass die Vorstellung einer homogenen Gemeinschaft von Lesben und Schwulen eine Fiktion ist, die selbst wiederum zu Ausgrenzungen und Marginalisierungen führt. Als akademisches Projekt entwickelten sich Ansätze von *Queer Theory* Anfang der 1990er-Jahre in den USA. Wichtige theoretische Impulse und Bezüge kamen dabei nicht zuletzt von Butlers Kritik heteronormativer und identitätspolitischer Annahmen feministischer Theorien.

Symbolische Ordnung Im Anschluss an die strukturale Linguistik von Saussure versteht Lacan das Symbolische als die Ordnung der Signifikanten. Diese Ordnung bringt die universellen Gesetze des Sagbaren hervor und ist damit die Bedingung der kommunikativen Funktion von Sprache. Zugleich ist diese Ordnung die unhintergehbare Voraussetzung der Subjektbildung: Erst und nur indem sich Individuen in die symbolische Ordnung einfügen, sind sie intelligible Subjekte und können in soziale Interaktionen treten.

Zeittafel

1956   Geburt in Cleveland/Ohio, USA. Judith Butler wächst in einer jüdischen Familie auf. Sie beschreibt sich rückblickend als queere Jugendliche, die im Keller ihres Elternhauses Schriften von Spinoza, Buber und anderen Philosophen las.

1974–76 Bennington-College, Vermont.

1978   B. A. in Philosophie, Yale University.

1978–79 Studium an der Universität Heidelberg bei Hans-Georg Gadamer und Dieter Henrich.

1982   M. A. in Philosophie an der Yale University; Lehrtätigkeit an der Yale University.

1983–86 Assistenzprofessur für Literatur an der Wesleyan University.

1984   Dissertation an der Yale University (PhD) in Philosophie über den Begriff der Begierde bei Hegel: *Recovery and Invention: The Projects of Desire in Hegel, Kojève, Hyppolite, and Sartre.*

1986–89 Assistenzprofessur für Philosophie an der George Washington University.

1987   Veröffentlichung ihrer Dissertation unter dem Titel *Subjects of Desire: Hegelian Reflections in Twentieth Century France.*

1989–91 Assistenzprofessur für Humanwissenschaften an der Johns Hopkins University.

1990   Veröffentlichung von *Gender Trouble: Feminism and the Subversion of Identity.*

1991–94 Professur für Humanwissenschaften an der Johns Hopkins University.

1992   Veröffentlichung von *Feminists Theorize the Political* (gemeinsam mit Joan W. Scott).

1993   Professur für Rhetorik an der University of California, Berkeley; Veröffentlichung von *Bodies That Matter: On the Discursive Limits of »Sex«.*

1994	Professur für Rhetorik und vergleichende Literaturwissenschaften an der University of California, Berkeley.
1995	Veröffentlichung von *Feminist Contentions: A Philosophical Exchange* (mit Seyla Benhabib, Drucilla Cornell und Nancy Fraser).
1997	Veröffentlichung von *Excitable Speech: A Politics of the Performance* und *The Psychic Life of Power: Theories of Subjection.*
1998	Maxine-Elliot-Lehrstuhl für Rhetorik und Vergleichende Literaturwissenschaften an der University of California, Berkeley.
1999	Guggenheim Fellowship.
2000	Veröffentlichung von *Antigone's Claim: Kinship Between Life and Death* und *Contingency, Hegemony, Universality: Contemporary Dialogues on the Left* (gemeinsam mit Ernesto Laclau und Slavoj Zizek).
2001–02	Laurance S. Rockefeller Fellowship an der Princeton University.
2002	Vorträge im Rahmen der Adorno-Vorlesungen am Institut für Sozialforschung an der Universität, Frankfurt a. M.
2003	Veröffentlichung der Vorträge aus dem Jahr 2002 unter dem Titel *Kritik der ethischen Gewalt*; Artikel in der *London Review of Books:* »No, it's not anti-semitic« in Reaktion auf die Äußerungen des Präsidenten der Harvard University, Kritik an der Politik Israels sei eine Form des Antisemitismus.
2004	Veröffentlichung von *Precarious Life: The Politics of Mourning and Violence* und *Undoing Gender*; Vortrag auf der 2nd International Conference on An End to Occupation, A Just Peace in Israel-Palestine: Towards an Active International Network in East Jerusalem, mit dem Titel: *Jews and the Bi-National State* (erschienen unter dem Titel «Jews and the Bi-National Vision« in *Logos – Journal of Modern Society and Culture).*
2006	Teilnahme am Berkeley Teach-In gegen den Krieg im Libanon. Hannah-Arendt-Professur für Philosophie an der European Graduate School in Saas-Fee (Schweiz).
2008	*Distinguished Achievement Award* der Andrew-W.-Mellon-Stiftung; Veröffentlichung von *Who Sings the Nation State?*

128

Language, Politics and Belonging (gemeinsam mit Gayatri Chakravorty Spivak).

2009   Veröffentlichung von *Frames of War: When is Life Grievable?* und *Is Critique Secular? Blasphemy, Injury, and Free Speech* (zusammen mit Talal Asad, Wendy Brown und Saba Mahmood); Engagement für das neu gegründete Russell-Tribunal zu Palästina.

2010   Butler lehnt am Christopher Street Day in Berlin den Preis für Zivilcourage mit der Begründung ab, dass einige der Organisatorinnen und Organisatoren sich rassistisch geäußert hätten und die Veranstaltung generell zu unkritisch gegenüber Rassismus und anti-muslimischen Ressentiments sei.

Dank

Inka Greusing, Aline Oloff und Stanislawa Paulus waren die ersten Leserinnen des Manuskripts. Ich danke ihnen für viele hilfreiche Anmerkungen und Hinweise. Carla Kroner danke ich für ihre Recherchearbeiten.